Berthold Delbrück

Einleitung in das Sprachstudium

Ein Beitrag zur Geschichte und Methodik der vergleichenden Sprachforschung

Berthold Delbrück

Einleitung in das Sprachstudium
Ein Beitrag zur Geschichte und Methodik der vergleichenden Sprachforschung

ISBN/EAN: 9783742894663

Hergestellt in Europa, USA, Kanada, Australien, Japan

Cover: Foto ©Paul-Georg Meister /pixelio.de

Manufactured and distributed by brebook publishing software
(www.brebook.com)

Berthold Delbrück

Einleitung in das Sprachstudium

EINLEITUNG

IN DAS

SPRACHSTUDIUM

EIN BEITRAG

ZUR GESCHICHTE UND METHODIK DER VERGLEICHENDEN
SPRACHFORSCHUNG

VON

B. DELBRÜCK.

ZWEITE AUFLAGE.

LEIPZIG,

DRUCK UND VERLAG VON BREITKOPF & HÄRTEL.

1884.

Vorrede.

Der Charakter der vorliegenden Schrift wird wesentlich durch den Umstand bestimmt, dass dieselbe, nach der Absicht des Verfassers, dazu dienen soll, das Studium der im Verlage von Breitkopf & Härtel erscheinenden Grammatiken, und damit zugleich das Verständniss der vergleichenden Sprachforschung in ihrer neuesten Gestalt zu erleichtern.

Das Gebiet dieser »Einleitung« erstreckt sich nicht weiter als das Gebiet jener Grammatiken. Wo immer auf den folgenden Bogen von Sprache, Sprachentwickelung, lautlichen Gesetzen u. s. w. die Rede ist, soll immer nur indogermanische Sprache, indogermanische Sprachentwickelung u. s. w. verstanden werden. Auf ausserhalb der indogermanischen Grenzen liegende Fragen, wie z. B. diejenigen, welche die allgemeine Sprachwissenschaft stellt, einzugehen, habe ich um so weniger Veranlassung genommen, als in der That der Einfluss der philosophischen Sprachforschung auf die von Bopp begründete Wissenschaft stets gering gewesen ist, und noch heute sehr gering ist. Auch in der Beschränkung auf die Laut- und Flexionslehre bin ich den Grammatiken gefolgt, bekenne aber, dass ich diese Entsagung vielleicht nicht geübt haben würde, wenn ich nicht so eben in dem vierten Bande meiner syntaktischen Forschungen (Die Grundlagen der griechischen Syntax, Halle 1879) gezeigt hätte, in welcher Weise nach meiner Ansicht die vergleichende Syntax der indogermanischen Sprachen zu behandeln ist.

Die hiermit dem Publikum vorgelegte Schrift zerfällt in einen erzählenden und einen erörternden Theil. In dem ersteren wird die Entwickelung der Sprachwissenschaft von

Bopp bis heute in grossen Zügen geschildert, und zwar mit
der Absicht, klar zu machen, wie sich die Probleme, welche
uns heute besonders beschäftigen, aus dem Vorhergehenden
natürlich entwickelt haben, in dem zweiten werden die hauptsächlichsten dieser Probleme besprochen. In dem fünften
Kapitel (die Agglutinationstheorie) habe ich mich skeptischer
und zurückhaltender ausgesprochen, als früher von mir geschehen ist. Ich habe aber geglaubt, meine jetzigen Ansichten
nicht unterdrücken zu sollen, weil sie langsam in mir gereift
sind, und ich nicht glaube, dass ich diese Dinge jemals wieder
zuversichtlicher ansehen werde. In dem sechsten Kapitel (die
Lautgesetze) hoffe ich gezeigt zu haben, dass die Einigkeit
unter den Vertretern verschiedener Richtungen grösser ist, als
der ferner stehende Beobachter glauben sollte, und auch
grösser, als vielleicht manchem der Betheiligten zum Bewusstsein gekommen ist. Alle diese Erörterungen, ebenso wie der
historische Theil (Kapitel I—IV) und das siebente Kapitel (über
die Völkertrennungen) sind nicht für den engen Kreis meiner
Fachgenossen, sondern wesentlich für diejenigen geschrieben,
welche aus der vergleichenden Sprachforschung kein Special-
studium machen. Aus diesem Grunde ist auch die überreiche
sprachwissenschaftliche Literatur zwar so gut es mir gelingen
wollte benutzt, aber nur zu einem geringen Theile citiert
worden.

Endlich gestatte man mir noch ein Wort über meine Beurtheilung der jetzt lebenden Gelehrten. In der Charakteristik
verstorbener Grössen wie Bopp und Schleicher habe ich
mir keine Zurückhaltung auferlegt, Lebenden gegenüber ebenso zu verfahren, erschien mir unschicklich. Ich habe desshalb
nirgend versucht, ein Gesammtbild der Eigenthümlichkeit und
Thätigkeit eines lebenden Sprachforschers zu entwerfen, während ich mich nicht gescheut habe, zu den einzelnen Ansichten
der Zeitgenossen Stellung zu nehmen. Dies bitte ich diejenigen Leser bedenken zu wollen, welche etwa meinen
sollten, dass einem oder dem anderen der jetzt lebenden
hervorragenden Forscher von mir nicht Genüge geschehen sei.

Jena, 20. August 1880.

B. Delbrück.

Vorrede zur zweiten Auflage.

Ich habe mit Dank anzuerkennen, dass die erste Auflage dieser Schrift im Ganzen eine freundliche Aufnahme gefunden hat. Namentlich hat es mich gefreut, von Gelehrten, auf deren Urtheil ich grossen Werth lege, zu vernehmen, dass sie meine Beurtheilung der Grössen unserer Wissenschaft im Wesentlichen treffend und gerecht fänden. Durch diese Äusserungen fühlte ich mich zu dem Gedanken ermuthigt, die Kapitel 1—4 zu einer Geschichte der grammatischen Studien zu erweitern, und dadurch einen Hintergrund zu gewinnen, auf dem sich die Arbeiten der Bopp Grimm Pott und anderer eindrucksvoller abheben könnten, als es in der jetzt vorliegenden Darstellung geschieht. Auch der zweite systematische Theil, dessen nothwendig subjective Färbung mir von Anfang an nicht entgangen ist, hätte in manchen Particen einer Umarbeitung bedurft. Indessen habe ich von diesen Plänen für jetzt zu meinem Bedauern absehen müssen, weil ich durch einen Zufall erst viel zu spät erfuhr, dass die erste Auflage so gut wie vergriffen sei. So habe ich denn nur zu einer Revision des Ganzen Zeit gefunden, bei welcher natürlich auch die mir bekannt gewordenen Recensionen (unter denen ich namentlich die umfängliche von d'Ovidio in der Rivista di Filologia e d'Istruzione Classica X, fasc. 5—6 mit Dank hervorhebe) benutzt worden sind.

Die wichtigeren Veränderungen, welche ich vorgenommen habe, dürften die folgenden sein. In dem Kapitel über Schleicher ist der Schlusspassus (Seite 53) derart verändert worden, dass die hohe Verehrung, die ich gegen diesen ausgezeich-

neten Gelehrten empfinde, deutlicher hervortritt, als es in der
ersten Fassung geschieht. Auf Seite 118 habe ich einer Bemerkung Whitney's Rechnung getragen, welcher in den Pro-
ceedings of the fourteenth annual session of the American
Philological Association (held in Cambridge Mass. July 1882)
pag. XVII mit Recht tadelt, dass ich seine Ansicht über die
Gründe der Veränderung in den Sprachen nicht zutreffend
wiedergegeben und beurtheilt habe. Zugleich habe ich meine
Ansicht, dass ausser dem »Princip der Ersparung der Arbeit«
auch andere Gründe der Sprachveränderung, namentlich auch
ein ästhetischer anzuerkennen sei, mit einigen Worten begründet. Auf Seite 121 habe ich zu Ascoli's Lettera glottologica
Torino 1881 Stellung genommen. In dem Kapitel über die
Völkertrennungen ist genauer angegeben worden, wie sich
J. Schmidt's und Leskien's Ansichten zu einander verhalten. Endlich ist ein kurzes Schlusswort hinzugekommen.

Jena, Februar 1884.

B. Delbrück.

Inhalts-Übersicht.

Erstes Kapitel.

Franz Bopp.

Als der Begründer der vergleichenden Sprachforschung Franz Bopp (geb. 1791) sich mit dem Sanskrit zu beschäftigen anfing, war die Behauptung, dass die Sprache der Brahmanen mit den Sprachen Europas, namentlich dem Griechischen und Lateinischen nahe verwandt sei, schon wiederholt ausgesprochen und durch eine Reihe von Belegen erhärtet · worden. Namentlich hatte William Jones, der erste Präsident einer in Calcutta zur Erforschung Asiens gestifteten Gesellschaft, sich über diesen Punkt schon 1786 folgendermassen geäussert: »Die Sanskritsprache ist von bewunderungswürdiger Bildung, vollkommener als das Griechische, reicher als das Lateinische, feiner ausgebildet als beide. Sie steht zu beiden, sowohl was die Wurzeln der Verba als was die grammatischen Formen betrifft, in einer Verwandtschaft, die so nahe ist, dass sie nicht durch den Zufall erzeugt sein kann, und so entschieden, dass jeder Philologe, der die drei untersucht, zu dem Glauben kommen muss, dass sie aus derselben Quelle entsprungen seien, die vielleicht nicht mehr vorhanden ist. Ähnliche Gründe, wenn auch nicht so zwingender Art, sprechen für die Annahme, dass das Gothische und Keltische, ob auch mit fremden Sprachen gemischt, denselben Ursprung gehabt haben, wie das Sanskrit« (vgl. Benfey, Geschichte der Sprachwissenschaft, Seite 348). Im Wesentlichen übereinstimmend, aber in einem Punkte weniger correct lauten die Sätze, mit denen Friedrich Schlegel sein berühmtes Buch über die Sprache und Weisheit der Indier

(Heidelberg 1808) eröffnet: »Das alte indische Sanskrito,
d. h. die gebildete oder vollkommne, auch Gronthon
d. h. die Schrift- oder Büchersprache, hat die grösste Verwandtschaft mit der römischen und griechischen so wie mit
der germanischen und persischen Sprache. Die Ähnlichkeit
liegt nicht bloss in einer grossen Anzahl von Wurzeln, die sie
mit ihnen gemein hat, sondern sie erstreckt sich bis auf die
innerste Struktur und Grammatik. Die Übereinstimmung ist
also keine zufällige, die sich aus Einmischung erklären liesse,
sondern eine wesentliche, die auf gemeinschaftliche Abstammung deutet. Bei der Vergleichung ergiebt sich ferner, dass
die indische Sprache die ältere sei, die andern aber jünger
und aus jener abgeleitet.« Man kann also nicht sagen,
dass Bopp der Entdecker der indogermanischen[1]) Sprachgemeinschaft sei, wohl aber gebührt ihm das Verdienst, dasjenige, was Jones, Schlegel u. a. geahnt und behauptet
hatten, durch eine systematische, von den Formen des Verbums anhebende und von da allmählich über die ganze Sprache
sich ausdehnende Vergleichung für alle Zeiten erwiesen zu
haben.

Zweifelsohne wird die Zukunft in diesem Nachweis die
epochemachende Leistung des Bopp'schen Genius erblicken,
aber ebenso zweifellos ist, dass Bopp selber von Anfang an
nicht auf die Vergleichung, sondern auf die Erklärung der
Formen ausging, und dass ihm die Vergleichung nur ein Mittel
zur Erreichung dieses Hauptzwecks gewesen ist. Er begnügte
sich also (um es an einem Beispiel deutlich zu machen) nicht
mit der für die Lautlehre aller einzelnen Sprachen so folgen-
reichen Erkenntniss, dass *ásmi* εἰμί *sum im jesmĭ* im Grunde
sämmtlich eine und dieselbe Form sind, sondern es lag ihm in
erster Linie daran zu ermitteln, aus welchen Elementen diese
Form entstanden sei. Nicht die Vergleichung fertiger Sprachformen, sondern die Einsicht in die Entstehung der Flexion
war das wesentliche Ziel seiner Arbeit.

Dass es sich in der That so verhält, ist von älteren wie
neueren Beurtheilern Bopp's hinreichend hervorgehoben worden. Es genüge an dieser Stelle auf das bekannte Urtheil von
Bopp's Lehrer Windischmann zu verweisen, wonach

---

[1]) Ich brauche die (von Klaproth aufgebrachte?) Bezeichnung
»indogermanisch«, weil sie, so viel ich übersehen kann, in Deutschland
die geläufigste ist.

Bopp's Absicht von Anfang an darauf gerichtet gewesen sei, »auf dem Wege der Sprachforschung in das Geheimniss des menschlichen Geistes einzudringen, und demselben etwas von seiner Natur und von seinem Gesetz abzugewinnen«, und sodann eine Äusserung von Th. Benfey zu citiren, welche so lautet: »Ich würde demnach als die eigentliche Aufgabe dieses grossartigen Werkes [der vergleichenden Grammatik] die Erkenntniss des Ursprungs der grammatischen Formen der indogermanischen Sprachen betrachten; die Vergleichung derselben eigentlich nur als Mittel zur Erreichung dieses Zweckes — als Nachweisung ihrer Grundformen —; die Erforschung der Lautgesetze endlich als Hauptmittel der Vergleichung, als die einzig sichere Grundlage für den Erweis des Verwandten, speciell der Grundformen« (Gesch. d. Sprachw. 476).

Unter diesen Umständen halte ich es für das Richtige, zuerst über Bopp's Ansicht von der Entstehung der Flexion und erst dann über seine Methode der Vergleichung zu berichten.

I. Bopp's Ansichten über die Entstehung der Flexion.

Die Bopp'schen Theorien über die Genesis der indogermanischen Sprachformen sind nicht etwa (wie man annehmen könnte) das reine Ergebniss seiner grammatischen Analyse, sondern sie gehen zu einem sehr wesentlichen Theile auf ältere Anschauungen und Vorurtheile zurück. Unter diesen spielt die Theorie [Friedrich Schlegel's, welche in der schon angeführten Schrift über die Sprache und Weisheit der Indier vorgetragen wird, eine wesentliche Rolle. Es scheint also gerathen, den Leser zunächst über diese zu orientiren.

Nach Friedrich Schlegel giebt es zwei Hauptgattungen von Sprachen, nämlich erstens solche, welche die Nebenbestimmungen der Bedeutung durch innere Veränderung des Wurzellautes anzeigen, und zweitens solche, welche zu diesem Zwecke eigene Wörter hinzufügen, die schon an und für sich Mehrheit, Vergangenheit, ein zukünftiges Sollen oder andere Verhältnissbegriffe der Art bedeuten. Die erste Hauptgattung umfasst die Flexionssprachen. Schlegel versteht also unter Flexion die innere Veränderung des Wurzellautes. Er bekämpft auf das Entschiedenste die Ansicht, als ob die Flexionsformen durch Anfügung vorher selbständiger Wörter

gebildet seien[1]). »Im Griechischen kann man noch wenigstens
einen Anschein von Möglichkeit finden, als wären die Bie-
gungssilben aus in das Wort verschmolzenen Partikeln und
Hülfsworten ursprünglich entstanden, obwohl man diese Hypothese nicht würde durchführen können, ohne fast alle jene
etymologischen Künste und Gaukeleien zu Hülfe zu nehmen,
denen man zuvörderst allen ohne Ausnahme den Abschied
geben sollte, wenn man die Sprache und ihre Entstehung
wissenschaftlich, d. h. durchaus historisch betrachten will;
und kaum möchte sich's auch dann noch durchführen lassen.
Beim Indischen aber verschwindet vollends der letzte Schein
einer solchen Möglichkeit, und man muss zugeben, dass die
Struktur der Sprache durchaus organisch gebildet, durch
Flexionen oder innere Veränderungen und Umbiegungen des
Wurzellauts in allen seinen Bedeutungen ramificirt, nicht bloss
mechanisch durch angehängte Worte und Partikeln zusammengesetzt sei, wo denn die Wurzel selbst eigentlich unver-
ändert und unfruchtbar bleibt« (41). In dieser organischen
Beschaffenheit sieht er den wesentlichen Vorzug der Flexionssprachen: »Daher der Reichthum einestheils und dann die Be-
standheit und Dauerhaftigkeit dieser Sprachen, von denen man
wohl sagen kann, dass sie organisch entstanden seien, und ein
organisches Gewebe bilden; so dass man nach Jahrtausenden
in Sprachen, die durch weite Länder getrennt sind, oft noch
mit leichter Mühe den Faden wahrnimmt, der sich durch den
weitentfalteten Reichthum eines ganzen Wortgeschlechtes hin-
zieht und uns bis zum einfachen Ursprunge der ersten Wurzel
zurückführt. In Sprachen hingegen, die statt der Flexion nur
Affixe haben, sind die Wurzeln nicht eigentlich das; kein
fruchtbarer Same, sondern nur wie ein Haufen Atome, die
jeder Wind des Zufalls leicht aus einander treiben oder zu-
sammenführen kann; der Zusammenhang eigentlich kein
anderer, als ein bloss mechanischer durch äussere Anfügung.
Es fehlt diesen Sprachen im ersten Ursprunge an einem Keim
lebendiger Entfaltung« u. s. w. (S. 51).
Fragen wir, wie bei dem geistreichen Manne diese Erklärung der Flexion als einer inneren Veränderung der Wurzel,
die uns so sehr der Anschaulichkeit und Deutlichkeit zu ent-

---

[1]) Vermuthlich hat er bei dieser Bekämpfung die Schule von Lennep
und Scheid (s. unten), schwerlich Horne Tooke (über welchen Max
Müller, Vorlesungen (deutsche Übers.) I, 210 zu vergleichen ist) vor
Augen.

behren scheint, entstanden sei, so ist das wenigstens sofort klar, dass sie nicht aus der Beobachtung unmittelbar entnommen ist (denn wo liesse sich ein solches organisches Wachsthum beobachten?), es lässt sich vielmehr mit Wahrscheinlichkeit darthun, dass sie zunächst nichts ist, als das Widerspiel derjenigen Theorie, welche Schlegel abweisen zu müssen glaubte. Offenbar hatte Schlegel Angesichts der Thorheiten der Lennep, Scheid und Genossen, welche die Sprache in der geistlosesten Weise zerschnitten und auf erträumte Urwurzeln zurückzwangen, in sich die Überzeugung ausgebildet, dass man auf dem Wege der Zerlegung dem Geheimniss der Entstehung der Sprachformen überhaupt nicht nahe kommen könne, und postulirte also im Gegensatz gegen die Theorie, welche sich die Sprache durch Zusammensetzung entstanden dachte, vielmehr die Entwickelung derselben durch organisches Wachsthum, ohne sich dabei von der Art und den Gründen dieses Wachsthums eine deutliche Vorstellung machen zu können. In dieser Anschauungsweise mochte ihn noch eine andere Wahrnehmung bestärken. Ihm war das Verhältniss, welches zwischen der lateinischen und den romanischen Sprachen besteht (das sein Bruder später durch die Ausdrücke synthetisch und analytisch zu fassen suchte) um so merkwürdiger, als er in dem Sanskrit einen gleichsam noch lateinischeren Zustand vorfand, als in dem Lateinischen selber (S. 40). Wenn (so mochte er schliessen) eine Sprache um so weniger Zusammensetzung zeigt, je alterthümlicher sie ist, wie soll man annehmen dürfen, dass die Sprachformen in der ältesten Zeit lediglich durch Zusammensetzung entstanden seien?

Dass Schlegel nun ein solches Wachsthum von innen heraus als »organisch« bezeichnete, und zugleich das organische Wachsen im Gegensatz zu der Zusammensetzung als den höheren und edleren Process auffasste, geschah völlig im Geiste des Philosophen der romantischen Schule, dessen Gedankengang und Ausdrucksweise ihm vertraut war.

Dieser hiermit in der Kürze dargestellten Schlegelschen Theorie schloss sich Bopp in seiner ersten Schrift (Conjugationssystem der Sanskritsprache, 1816), ohne übrigens Schlegel's Namen zu nennen, völlig an. Nur, dass er sie sofort nach einer Richtung hin erweiterte, indem er zu dem Merkmal der inneren Umbiegung der Wurzel noch die Fähigkeit, sich das verbum substantivum einzuverleiben, hin-

zufügt[1]). »Unter allen uns bekannten Sprachen — heisst es
S. 7 — zeigt sich die geheiligte Sprache der Indier als eine
der fähigsten, die verschiedensten Verhältnisse und Beziehungen auf wahrhaft organische Weise durch innere Umbiegung und Gestaltung der Stammsylbe auszudrücken. Aber ungeachtet dieser bewunderungswürdigen
Biegsamkeit gefällt es ihr zuweilen, der Wurzel das verbum
abstractum einzuverleiben, wobei sich sodann die Stammsylbe
und das einverleibte verbum abstractum in die grammatischen
Funktionen des Zeitwortes theilen.« Diese Theilung der Aufgaben lässt sich z. B. am Aorist auf folgende Weise beobachten. In Skr. *açrausham* (ich hörte) bezeichnet *a* die Vergangenheit, in der Steigerung des *u* der Wurzel *çru* zu *au* wird
die besondere Modification der Vergangenheit angedeutet,
welche dem Aorist eigenthümlich ist, und dem so gebildeten
Praeteritum wird das verbum substantivum einverleibt, »so
dass, nachdem die Zeitverhältnisse auf reine organische Weise
durch innere Umbiegung der Wurzel ausgedrückt wurden,
Person und Zahl durch die Abwandlung des angehängten
Hülfszeitwortes bestimmt werden« (S. 18). Die Einverleibung
des verbum substantivum findet Bopp im Futurum und Aorist
des Sanskrit und Griechischen, im Precativ des Sanskrit, in
den bekannten Perfect- und Imperfectbildungen des Lateinischen, und (was er später aufgegeben hat) in den Passiv-
endungen derselben Sprache. Eine andere Zusammensetzung
als die mit *as* erkennt Bopp in dem Conjugationssystem nicht
an. Zwar redet er von Anhängung der »Personskennzeichen«
M, S, T, aber er erkennt in diesen Kennzeichen nicht etwa
Reste früher selbständiger Worte, bemerkt vielmehr bei anderer Gelegenheit ausdrücklich: »es widerspricht dem Geiste
der indischen Sprache, irgend ein Verhältniss durch Anhängung mehrerer Buchstaben auszudrücken, die als ein
eigenes Wort angesehen werden können« (S. 30). Den
Ursprung dieser Personskennzeichen lässt er in dem Conjugationssystem ebenso im Dunkel, wie den Ursprung des
»eingeschobenen« Vocals *i*, welcher den Potentialis kenn-
zeichnet.
    Es würde interessant sein, wenn sich ermitteln liesse,

---

[1]) Nur diese Erklärungsweise kann also Bopp im Auge haben, wenn
er Conjug. S. 12 sagt, dass er sich in seinen Bemühungen nirgend auf
fremde Autorität stützen könne.

durch welche Überlegungen Bopp zu seiner Modification der
Schlegel'schen Definition des Begriffes Flexion gelangt ist.
Glücklicherweise bieten die Bopp'schen Schriften dazu hin-
reichenden Stoff. Um aber die betreffenden Stellen verständlich zu machen, schicke ich ein Wort voraus über die um den
Anfang unseres Jahrhunderts übliche Anordnung der Redetheile. Man stand damals ziemlich allgemein unter dem Drucke
der Anschauung, dass der Satz ein Abbild des logischen Urtheils sei, und war folglich der Ansicht, dass, wie es drei
Theile des Urtheils gäbe, nämlich Subject, Prädicat und Copula, so auch die Zahl der Redetheile nicht grösser und nicht
geringer sein könne als drei. Es war natürlich nicht leicht,
die überliefertenRedetheile unter drei Abtheilungen zu bringen,
und diese Unterordnung gelang nicht ohne Sophistik. So hat
z. B. A. F. Bernhardi den Kampf zwischen seiner philosophischen Ansicht und seiner aus der Erfahrung gezogenen
Kenntniss nicht besser zu schlichten gewusst, als durch Aufstellung folgender Tabelle:

I. Redetheile:

   a. von den Substantivis.
   b. von den Attributivis.
      aa. von den Adjectivis.
      bb. von den Participiis.
      cc. von den Adverbiis.
   c. von dem Verbo Sein.

II. Redetheilchen:

   a. von den Präpositionen.
   b. von der Conjunction.
   c. von den ursprünglichen Adverbiis.

III. Redetheile und Redetheilchen.

   Von den Pronominibus.

Ebenso wie Bernhardi ist Gottfried Hermann
überzeugt, dass es nur drei Arten der Redetheile geben könne,
und Bopp finden wir in derselben Meinung befangen, wie
am deutlichsten aus einer Äusserung in der englischen Umarbeitung seiner Erstlingsschrift Analytical comparison u. s. w.
hervorgeht (die ich in der deutschen Übersetzung bei See-
bode, Neues Archiv für Philologie und Pädagogik, 2. Jahr-
gang citire), wo es Heft 3, S. 63 heisst: »Potest vereinigt in
sich die drei wesentlichen Redetheile, indem t das Subject ist,

es die Copula und pot das Merkmal.« Dabei ist besonders zu
beachten, dass als der dritte Redetheil nicht etwa das Verbum,
sondern lediglich das Verbum Sein betrachtet wird. Est enim
— sagt Gottfried Hermann, de emendanda ratione grae-
cae grammaticae (Lipsiae 1801) S. 173 — haec verbi vis, ut
praedicatum subjecto tribuat atque adjungat. Hinc facile col-
ligitur proprie unum tantummodo esse verbum idque est verbum esse. Caetera enim quaecunque praeter hoc verbum verba
reperiuntur, hanc naturam habent, ut praeterquam quod illud
esse contineant quo fit ut verba sint, adjunctam habeant etiam
praedicati alicujus notationem. Sic 'ire', 'stare' ut aliqua
certe exempla afferamus significat 'euntem, stantem esse'.
Diese Meinung theilte auch Bopp, wie zur Genüge aus den
ersten Worten seines Conjugationssystems erhellt, welche so
lauten: »Unter Zeitwort oder Verbum im engsten Sinne ist
derjenige Redetheil zu verstehen, welcher die Verbindung
eines Gegenstandes mit einer Eigenschaft, und deren Verhältnisse zu einander ausdrückt. Das Verbum, nach dieser Bestimmung, hat für sich gar keine reelle Bedeutung, sondern
ist bloss das grammatische Band zwischen Subject und Prädicat, durch dessen innere Veränderung und Gestaltung jene
wechselseitigen Verhältnisse angedeutet werden. Es giebt
unter diesem Begriffe nur ein einziges Verbum, nämlich das
Verbum abstractum, Sein, esse« u. s. w. Da demnach nach
Bopp's Ansicht keine Aussage anders zu Stande kommen
kann, als durch Mitwirkung des Verbums esse, und da also
dasselbe begrifflich genommen jedem von uns so genannten
Verbum inhärirt, so müsste Bopp es consequenter Weise
natürlich finden, wenn das Verbum *as* auch körperlich und
sichtbarlich in jeder Verbalform vertreten wäre. Bopp hat
diese Consequenz auch wirklich gezogen in einem höchst merk-
würdigen Satze des S. 7 citirten Aufsatzes: »Nach diesen
Bemerkungen wird der Leser sich nicht wundern, wenn er in
den Sprachen, welche wir jetzt vergleichen, auf andere Verba
stösst, welche auf dieselbe Weise wie potest gebildet sind, oder
wenn er entdeckt, dass einige Tempora das verbum substantivum enthalten, während andere es abgeworfen oder
vielleicht nie gehabt haben. Er wird vielmehr sich
geneigt fühlen zu fragen, warum findet sich nicht in allen
Temporibus aller Verba dieser zusammengesetzte Bau? und er
wird vielleicht das Fehlen des verbum substantivum als eine
Art von Ellipse ansehen« (a. a. O. S. 63). Wer diesen sonder-

baren Satz, in welchem mit feiner Wendung dem Leser die
Lösung einer Schwierigkeit zugeschoben wird, die dieser füg-
lich von dem Schriftsteller erwarten sollte, recht erwägt, wird
gewiss meinem Urtheil beistimmen, wenn ich behaupte, dass
Bopp hauptsächlich durch seine unrichtige Ansicht von den
drei Redetheilen darauf geführt worden ist, in den gelegentlich auftretenden S indogermanischer Formen das verbum
substantivum zu suchen.

Demnach können wir Bopp's älteste Ansicht über die
Flexion, wie sie in dem Conjugationssystem hervortritt, bezeichnen als die Verbindung eines Schlegel'schen Aperçu's
mit der überlieferten Theorie von den drei Redetheilen.

Einen sehr wesentlichen Fortschritt über diese in dem
Conjugationssystem (1816) vorgetragene Fassung finden wir
in der schon erwähnten englischen Bearbeitung dieser Schrift
(1819), die ich als Analytische Vergleichung citiren will. Der
Fortschritt lässt sich kurz dahin zusammenfassen, dass das
Princip der Zusammensetzung, welches bisher nur bei der
Wurzel *as* zur Geltung kam, überhaupt als das vorwaltende
anerkannt wird. Wie Bopp zu dieser Umgestaltung seiner
Meinung kam, lässt sich namentlich an seiner Erörterung des
Begriffs Wurzel und seiner Hypothese über die Herkunft der
Personalendungen des Verbums verfolgen.

Was zunächst den Begriff der Wurzel betrifft, so
konnte Bopp den hier ausgesprochenen und später immer
festgehaltenen Gedanken, dass alle Wörter auf einsilbige
Elemente zurückgehen, der zu seiner Zeit geltenden grammatischen Tradition entnehmen. Denn schon Adelung hatte
gelehrt, dass die sämmtlichen Wörter des Deutschen aus einsilbigen Urbestandtheilen, welche den Namen Wurzel
führen, entstanden seien (vgl. Adelung, Über den Ursprung
der Sprache und den Bau der Wörter, besonders des Deutschen,
Leipzig 1781, pag. 16 ff.)[1]). Diese Anschauung fand Bopp

---

[1]) Es ist nicht ohne Interesse, zu sehen, was ein Vorgänger von Adelung, Fulda (Sammlung und Abstammung germanischer Wurzelwörter,
Halle 1776) über die Gewinnung der Wurzeln lehrt: »Man nemme einem
einzeln Wort seine grammatischen Verrichtungen, prae- und suffixa ver-
balia, nominalia, generis, numeri, casus, personae, temporis. Man werffe,
wo vornen oder hinden zwen Consonanten beisammen stehen, den vor-
dersten und hindersten weg: die Wurzel wird, ohne etwas von ihrem
Hauptverstand zu verlieren, eine einzele Sylbe werden« (a. a. O. pag. 59).

auch bei der Prüfung der indischen Wurzelverzeichnisse bestätigt, welche ihm in der Ausgabe von Carey und Wilkins
bekannt wurden (vgl. A. W. v. Schlegel, Indische Bibliothek I, 316 und 335). Er formulirte seine Ansicht darüber in
der Analytischen Vergl. so: »Der Charakter der sanskritischen
Wurzeln ist nicht zu bestimmen nach der Zahl der Buchstaben,
sondern nach der Zahl der Silben, deren sie nur eine enthalten, sie sind alle einsilbig, einige wenige ausgenommen,
von denen mit Recht vermuthet werden darf, dass sie nicht
primitiv seien« (vgl. auch A. W. v. Schlegel a. a. O. 336).
Was aber von den sanskritischen Wurzeln galt, nahm Bopp
auch für die Wurzeln der verwandten Sprachen an, so dass
er den Satz aussprach: »dass die Wurzeln im Sanskrit und
den damit verwandten Sprachen einsilbig sind«.

Neben dieser Auffassung der Wurzel musste nun freilich
der Schlegel'sche Begriff der Flexion sehr bedenklich erscheinen. Denn wie viel lässt sich schliesslich an einer einsilbigen Wurzel (zumal wenn, wie der Augenschein lehrt, die
Consonanten unangetastet bleiben) innerlich umbiegen und
gestalten? Die Vorstellung von der Einsilbigkeit der Wurzel
musste nothwendig den Gedanken der Zusammensetzung in
der Flexion stärken, und es ist daher nicht zu verwundern,
dass Bopp's Polemik gegen Schlegel gerade von diesem
Punkte aus begann. Wir finden die Polemik namentlich in
folgendem Satze ausgesprochen: »Wenn wir — sagt Bopp
a. a. O. 59 — irgend einen Schluss ziehen können aus der Thatsache, dass die Wurzeln einsilbig sind im Sanskrit und den
damit verwandten Sprachen, so ist es der, dass diese Sprachen
nicht mit besonderer Leichtigkeit grammatische Modificationen
durch Veränderung ihres ursprünglichen Stoffes, ohne Hülfe
fremder Zusätze ausdrücken können. Wir müssen erwarten,
dass in dieser Familie von Sprachen das Princip der Zusammensetzung auf die ersten Grundlagen der Sprache sich erstrecken werde, als die Personen, Tempora des Verbi und Casus
der Nomina u. s. w. Dass dieses wirklich der Fall sei, hoffe
ich in dieser Abhandlung beweisen zu können, gegen die Meinung eines berühmten deutschen Schriftstellers, welcher
glaubt, dass die grammatischen Formen des Sanskrit und der
damit verwandten Sprachen bloss in Abbiegungen oder inneren
Modificationen der Wörter bestehen«.

Noch wichtiger ist der zweite Punkt, nämlich die in der
analytischen Vergleichung auftretende Hypothese von der

Herkunft der Personalsuffixe aus den Personalpronominibus.
Die Stelle, in welcher diese Hypothese zuerst ausgesprochen
worden ist, ist so interessant, dass ich sie ganz mittheile. Sie
lautet: »Fr. Schlegel lässt die Bezeichnung der Personen
des Verbi im Sanskrit und in den Sprachen desselben Ursprungs durch Abbiegung entstehen, aber Scheidius zeigt
sehr befriedigend, wenigstens in Rücksicht des Pluralis, dass
selbst die griechischen Verba mit der Wurzel zusammengesetzte Pronomina gebrauchen, um die verschiedenen Personen anzuzeigen. In Hinsicht des Singularis würde er weit
besseren Erfolg gehabt haben, wenn er sich nicht auf die cor-
rumpirte Form auf ω beschränkt hätte, deren dritte Person im
Präsens auf ει endigt, wo ich kein einverleibtes Pronomen
finden kann; — sondern seinen Blick auf die Form in μι ge-
wandt hätte, deren dritte Person im dorischen Dialekte sich
auf τι endigt. Scheidius begeht noch einen anderen Fehler,
nämlich, dass er, indem er von den Pronominibus spricht,
beim Nominativ stehen bleibt, während die rohe Form der
Nomina besser aus den Casibus obliquis abgenommen werden
kann. Auf diesem Wege ist es leicht, zu entdecken, dass το die
Wurzelform des griechischen Artikels ist, welcher ursprünglich nichts mehr ist, als ein Pronomen der dritten Person, und
als solches im Homer gebraucht ist. Dieses το, des Endvocals
beraubt, wird ein wesentlicher Bestandtheil der Verba in ihrer
dritten Person Singularis Dualis und Pluralis wie δίδοτι (so)
δίδοτον δίδοντι. Ich zweifle nicht, dass sich erweisen lasse,
wenigstens mit ebenso viel Wahrscheinlichkeit, als bei den
arabischen, dass auch die sanskritischen Verba ihre Personen
durch Zusammensetzung der Wurzel mit den Pronominibus
bilden, über welchen Gegenstand ich am gehörigen Orte einige
Bemerkungen aufstellen werde« (a. a. O. S. 60). Im Verlaufe
dieser Abhandlungen hat Bopp aber zu diesen in Aussicht
gestellten Bemerkungen nicht mehr Gelegenheit gefunden,
sondern äussert nur noch: »Im Präsens werden die Prono-
minal-Consonanten M, S, T des Singularis und der dritten
Person Pluralis mit einem kurzen *i* ausgesprochen« (S. 64),
woraus folgt, dass ihm damals die später von ihm behauptete
Entstehung von *mi* aus *ma* u. s. w. noch nicht klar geworden war.

In dieser Ausführung nimmt vor Allem die Berufung auf
Scheidius, der schon »sehr befriedigend« das Princip der
Zusammensetzung festgestellt habe, unsere Aufmerksamkeit

in Anspruch. Gemeint ist die längere Erörterung in L. C.
Valckenarii observationes acad. et Jo. Dan. a Lennep prae-
lectiones academicae rec. Everardus Scheidius (Trajecti ad
Rhenum 1790) pag. 275 ff. Indem ich es dem Leser überlasse,
sich an den etymologischen Spielereien im Einzelnen zu vergnügen, führe ich nur diejenigen Worte Scheid's an,
welche für die principielle Seite von Interesse sind. Sie lauten
so: »Memini equidem, quum ante hos octodecim, et quod ex-
currit, annos, contubernio fruerer viri summi, quem honoris
caussa nomino. Joannis Jacobi Schultensii, inter familiares
sermones, quibus de linguarum indole agebatur, narrare
Schultensium, virum suavissimum et harum rerum elegan-
tissimum arbitrum, Lennepio placuisse, ut, quemadmodum
in verbis orientalium, adformantes, quae dicuntur, temporis
praeteriti proprie essent syllabae literaeve, a pronominibus
antiquis quasi resectae: ita et in Graecorum verborum temporibus personisque eadem fuisset sermonis ratio«.

Wir sehen aus dieser Stelle, dass Bopp's Auffassung der
Personalendungen schliesslich durch die hebräische Grammatik angeregt worden ist.

Wird nun das Princip der Zusammensetzung auf diese
Weise empfohlen, so ist es kein Wunder, wenn es auch noch
an andern Stellen, als in den mit *as* zusammengesetzten Temporibus und den Personalsuffixen zur Geltung kommt, so
namentlich bei dem Optativ, dessen *ī* zuerst in der Anal.
Vergl. S. 71 als das Verbum »wünschen, verlangen« aufgefasst
wird. Von wirklichen Abbiegungen im Schlegel'schen
Sinne erkennt Bopp in der »Analytischen Vergleichung« nur
noch an: gewisse Veränderungen der Vocale (so das *ai* des
Mediums, das er noch nicht, wie später, aus Zusammensetzung
erklärte) und die Reduplication (a. a. O. S. 60).

Zu diesen zwei Formulirungen der Bopp'schen Ansicht,
wie sie im Conjugationssystem und der Analytischen Vergleichung vorliegen, tritt dann endlich die dritte und endgültige
Fassung, welche zuerst in einer Reihe akademischer Abhandlungen und schliesslich in der vergleichenden Grammatik
ausgesprochen ist, und welche sich von der zweiten Fassung
wesentlich nur dadurch unterscheidet, dass das Princip der
Zusammensetzung immer ausschliesslicher zur Geltung gebracht, und auch für diejenigen Gebiete der Grammatik, die

in dem Conjugationssystem und der Analytischen Vergleichung
noch nicht behandelt worden waren, durchgeführt wird.

Sie ist nunmehr ohne weitere Vorbereitung verständlich
und lautet in kurzem Auszug wie folgt:

Die Wörter der indogermanischen Sprachen sind aus
Wurzeln abzuleiten, welche durchweg einsilbig sind. Es
giebt zwei Classen von Wurzeln, nämlich Verbalwurzeln, aus
denen Verba und Nomina entspringen, und Pronominalwurzeln, denen die Pronomina, die Urpräpositionen, Conjunctionen und Partikeln entstammen (vgl. ausser Vgl. Gr. §. 107
auch Abh. der Berl. Akad. 1831, S. 13 ff.).

Die Casus-Endungen sind ihrem Ursprunge nach
wenigstens grösstentheils[1]) Pronomina. So entstammt das *s*
des Nominativs dem Pronomen *sa*, das *m* des Accusativs erinnert an den indischen Pronominalstamm *i-ma*, der T-Laut
des Ablativs kommt von demselben Pronominalstamm *ta*, dem
auch das neutrale *d* in *id* seinen Ursprung verdankt u. s. w.
(vgl. u. a. Abh. der Akad. 1826, S. 98).

Die Personalendungen des Verbums stammen von
den Pronominibus erster, zweiter und dritter Person, *mi* ist
eine Schwächung der Silbe *ma*, »welche im Sanskrit und Zend
den obliquen Casus des einfachen Pronomens als Thema zum
Grunde liegt.« Aus *mi* ist weiterhin *m* entstanden. In der
Pluralendung *mas* steckt entweder das Pluralzeichen *as* der
Nomina, oder das pronominale Element *sma*. Das *v* des Dualis
ist nur eine Entartung des pluralischen *m*. Die Endungen
zweiter Person gehen in ähnlicher Weise auf *tva*, die dritter
Person auf *ta* zurück (*nti* s. unten S. 14). Nicht ganz zuversichtlich urtheilt Bopp über die Medialendungen. Doch hält
er für wahrscheinlich, dass sie auf Verdoppelung der jedes-
maligen Activendung beruhen.

Was die Kennzeichen des Präsensstammes be-
trifft, wie νυ in ζεύγνυμι, so ist es am wahrscheinlichsten, dass
die meisten derselben Pronomina sind.

Das Augment, welches bei Gelegenheit des Imperfec-
tums zur Erwähnung kommt, hält Bopp Vgl. Gr. §. 537 und
ebenso schon in der Anal. Vergl. Seite 74 für identisch mit
dem *a* privativum, und betrachtet es also als Ausdruck der

---

[1]) »grösstentheils«, weil einige Endungen (*os* und *säm*) nicht als gedeutet betrachtet werden, und gelegentlich auch eine symbolische Erklärung (s. unten S. 14) versucht wird.

Verneinung der Gegenwart. Er gesteht aber auch die Möglichkeit zu, es direct mit dem Pronominalstamm *a* »jener« in Verbindung zu setzen, mit welchem übrigens die Verneinungspartikel *a* auch ihrerseits verwandt sei.

In dem S-Aorist gehört das *s* dem verbum substantivum an, und zwar ist die Zusammensetzung so zu denken, dass das Imperfectum von *as* (aber ohne Augment) den Schluss derselben bildet. »Ich erkenne — heisst es §. 542 — in diesem *s* das verbum substantivum, mit dessen Imperfect die erste Bildung [des Aorists] ganz genau übereinstimmt, nur dass das *ā* von *āsam* u. s. w. verloren geht«. Das *sja* des S-Futurums wie *dāsjáti* hält Bopp für das im isolirten Gebrauch verlorene Futurum von *as*. Übrigens sei es wahrscheinlich, dass einst sämmtliche Verba ein Futurum mittelst *ja* gehabt hätten. *Ja* selbst stamme so gut wie das Zeichen des Optativs von der Wurzel *ī* wünschen.

In dem *aja* der Causativa steckt das Verbum *i* gehen (wie *jā* gehen in dem *ja* des sanskritischen Passivums), und in dem *s* der Desiderativa das verbum substantivum.

Dieselbe Zusammensetzung liegt vor in gewissen Bildungen der Einzelsprachen z. B. *ama-vi*, worin die Wurzel *bhū* zu erkennen ist, *ama-rem*, worin die Wurzel *as* steckt u. s. w.[1]) (cf. Vgl. Gr. §. 521).

Die Stammbildungssuffixe endlich sind theils pronominalen Ursprungs, theils verbalen (z. B. *dātar* »Geber« heisst eigentlich »der die Handlung des Gebens durchschreitende« von *dā* geben und *tar* durchschreiten).

Neben dieser Erklärung durch Zusammensetzung wird gelegentlich eine andere, die symbolische, angewendet. So heisst es über den Dual: »Der Dual liebt, weil ihm eine klarere Anschauung zum Grunde liegt, als der unbestimmten Vielheit, zu stärkerem Nachdruck und lebendiger Personificirung die breitesten Endungen« (Vgl. Gr. §. 206). Das Gleiche gilt von dem Femininum, »welches im Sanskrit, sowohl am Stamm, wie in den Casus-Endungen eine üppige Fülle der Form liebt« (§. 113). Symbolisch ist auch das *n* in der dritten Person plur. -*nti*, welches aus *ti* durch Einfügung eines Nasals entstanden sein soll. Diese Einfügung sei die am wenigsten

---

[1]) Dagegen nimmt Bopp nicht an, dass in einer Einzelsprache neue Wurzelwörter entstehen könnten (vgl. Vorrede zur dritten Abth. der Vgl. Gr.¹ S. XIV).

fremdartige Beimischung, und komme der blossen Verlängerung eines schon vorhandenen Vocals am nächsten (§. 236;
vgl. auch §. 226).

Vergleicht man nun diese letzte endgültige Fassung der
Bopp'schen Ansichten mit der vorhergehenden, so ergiebt
sich, dass der Schlegel'sche Einfluss bis auf einen kleinen
Rest geschwunden ist. Denn das *ai* der Medialendungen,
worin Bopp früher noch eine innere Umbiegung der Wurzel
sah, wird nunmehr lieber durch Zusammensetzung gedeutet,
und es bleibt also nur die Reduplication als eine Art innerer
Modification der Wurzel zurück. (Und auch von dieser, die
vielleicht ursprünglich die noch einmal gesetzte Wurzel war,
kann doch nur sehr uneigentlich gesagt werden, dass sie eine
»innere« Veränderung sei).

So ist es natürlich, dass Bopp sich in der Vgl. Gr. durch
eine sachlich scharfe Polemik von Fr. Schlegel förmlich
lossagt. Die betreffende Stelle lautet: »Unter Flexion versteht Fr. v. Schlegel die innere Veränderung des Wurzellauts, oder die innere Modification der Wurzel, die er der Anfügung von aussen entgegenstellt. Was sind aber, wenn von
ὃο oder δω im Griechischen δίδωμι δώσω ὃοθησόμεθα kommt,
die Formen μι σω θησομεθα anders als offenbare Zusätze von
aussen an die im Innern gar nicht oder nur in der Quantität
des Vocals veränderte Wurzel? Wenn also unter Flexion eine
innere Modification der Wurzel verstanden sein soll, so hat
das Sanskrit und Griechische u. s. w. ausser der Reduplication
die aus den Mitteln der Wurzel selbst genommen wird, kaum
irgend eine Flexion aufzuweisen. Wenn aber θησομεθα eine
innere Modification der Wurzel ὃο ist, bloss weil es damit verbunden wird, daran angränzt, damit ein Ganzes darstellt; so
könnte man auch den Inbegriff von Meer und Festland als
eine innere Modification des Meeres darstellen, oder umgekehrt.«

Man kann die hiermit entwickelte Bopp'sche Theorie,
wenn man von dem geringen symbolischen Beisatz absieht, als
Zusammensetzungs- oder Agglutinationstheorie[1])
bezeichnen.

---

[1] So hat sie Lassen mit tadelnder Absicht zuerst genannt (vgl.
Pott, Etym. Forsch. (erste Aufl.) 1, 179).

Eine eingehendere Kritik der Agglutinationstheorie soll
nicht an dieser Stelle, sondern erst im 5. Kapitel versucht
werden. Dagegen will ich hier wiederholt darauf aufmerksam
machen, dass die Bopp'schen Erklärungen sich nicht etwa
— wie wohl angenommen worden ist — als natürliche Consequenzen der Vergleichung von selbst ergeben, sondern dass
sie aus verschiedenartigen und von einander unabhängigen
Anschauungen und Erkenntnissen erwachsen sind, indem
sich bei Bopp zu den Anregungen, die aus dem Detail der
Forschung selbst sich ergaben, zugleich doch auch Stücke
der bisherigen gelehrten Tradition gesellten, so namentlich
das Vorurtheil von der Dreiheit der Redetheile, welches, wie
es scheint, den ersten Anlass gegeben hat, in verschiedenen *s*
der Verbalformen das verbum substantivum zu erkennen, ferner
die überlieferte Ansicht, dass die Wurzeln einsilbig anzusetzen
seien, und endlich die von der hebräischen Grammatik her
fortgepflanzte Tradition, dass man in den Personalsuffixen des
Verbums angehängte Pronomina zu erkennen habe.

II. Bopp's Verfahren bei der Vergleichung gegebener Sprachen.

Nachdem in dem ersten Abschnitte über Bopp's Theorie
der Flexion berichtet ist, habe ich nunmehr von seiner Vergleichung der gegebenen Einzelsprachen zu handeln. Selbstverständlich kann es nicht meine Absicht sein, die Resultate
aufzuzeichnen, welche durch Bopp's Vergleichung der indogermanischen Sprachen erreicht worden sind, sondern ich
werde lediglich versuchen, die Methode zu beschreiben, nach
welcher Bopp verfährt.

Man erwarte aber weder an diesem noch an einem anderen
Punkte von Bopp eine alle Einzelfälle umfassende und systematische Antwort. Die Bopp'sche Darstellung ist ein völliges
Gegenbild der Humboldt'schen. Während Wilhelm von
Humboldt sich an der Erörterung des Allgemeinen nie genug thun kann, und überall bestrebt ist, das Detail den Ideen
unterzuordnen, verkehrt Bopp hauptsächlich mit den in der
Sprache gegebenen Einzelheiten und streut nur sehr selten
allgemeine Erörterungen ein, die man als philosophisch bezeichnen könnte. So wenig es möglich ist, aus Humboldts
Einleitung in die Kawisprache grammatische Paradigmen aus-

zuziehen, ebenso wenig kann man aus Bopp's vergleichender
Grammatik eine Theorie und Systematik der Sprachwissenschaft gewinnen. Unter diesen Umständen muss man die Untersuchung über Bopp's theoretische Ansichten von den in
der Sprache wirksamen Kräften mit Vorsicht anstellen, man
muss sich namentlich hüten, gewisse Termini, die er in bequemer Lässlichkeit anwendet, mit der Intoleranz eines Syste-
matikers um ihren Begriffsinhalt und ihre Tragweite zu befragen. Ich glaube deshalb am richtigsten zu verfahren, wenn
ich die Frage so stelle: Welches sind die allgemeinen Anschauungen, aus denen heraus Bopp über die Vorgänge in
der Sprache zu urtheilen pflegte? und antworte auf diese
Frage: Seine allgemeinen Anschauungen hatten naturwissenschaftlichen Anstrich, doch war unter demselben die alte phi-
lologische Grundfarbe noch nicht verschwunden. Die Lieb-
haberei für naturwissenschaftliche Ausdrucksweise zeigt sich
sofort, wenn er versucht, seine Behandlungsweise der Sprache
gegenüber der früheren zu beschreiben. Er beabsichtigt eine
vergleichende »Zergliederung« der Sprachen, die systematische Sprachvergleichung ist eine »Sprach-Anatomie«, es handelt sich um eine »anatomische Zerlegung« oder »chemische
Zersetzung« des Sprachkörpers, oder mit einem anderen
Bilde, um eine »Physik« oder »Physiologie« der Sprache. Sehr
entschieden tritt die naturwissenschaftliche Färbung gleich
in dem ersten Satze der Vorrede zur Vgl. Gr. hervor: »Ich
beabsichtige in diesem Buche eine vergleichende, alles Verwandte zusammenfassende Beschreibung des Organismus der
auf dem Titel genannten Sprachen, eine Erforschung ihrer
physischen und mechanischen Gesetze und des Ursprungs der
die grammatischen Verhältnisse bezeichnenden Formen«. Was
in diesem Satze unter physischen und mechanischen Gesetzen
zu verstehen sei, darüber hat sich, wie Bréal in der franzö-
sischen Übersetzung der Bopp'schen vergleichenden Grammatik mittheilt, der Autor selbst auf Befragen ausgesprochen.
Danach soll unter physischen Gesetzen das verstanden werden,
was wir jetzt Lautgesetze nennen, unter mechanischen Gesetzen das was Bopp über das Gewichtsverhältniss der Vocale und Sylben ermittelt zu haben glaubte, wovon nachher
die Rede sein wird. Was unter Organismus und organisch zu
denken sei, lehren einige Stellen der Vergl. Gr. »Die Flexionen — so heisst es in der Vorrede zu Heft 2 der Vgl. Gr.[1],

S. VII — machen den wahren Organismus einer Sprache aus«, und im Gegensatz dazu spricht er von »Sprachen mit einsilbigen Wurzeln', ohne Fähigkeit zur Zusammensetzung und daher ohne Organismus, ohne Grammatik« (§. 108). Organismus ist also nichts anderes als die auf Agglutination gegründete grammatische »Einrichtung« (Vorwort zum ersten Bande der Vgl. Gr. S. IV) einer Sprache, und organisch alles das, was dieser Einrichtung entspricht, unorganisch das, was ihr untreu geworden ist. Man kann deshalb statt organisch auch ursprünglich, statt unorganisch auch unursprünglich sagen. So wird z. B. von dem ν der Endung μην gesagt, es sei »organisch, d. h. nicht ein späterer nichtssagender Zusatz, sondern absichtlich und ein Vermächtniss der Urperiode unseres Sprachstammes«, dagegen gilt z. B. das μι von τύπτοιμι als unorganisch, weil der Optativ in allen Sprachen, wo er als gesonderte Form vorhanden ist, die kurzen Endungen hat, und zwar, mit Ausnahme des einzigen Griechisch auch in der ersten Person. Unorganisch ist eben Alles, was aus dem ursprünglichen Bau des Indogermanischen — nach der Ansicht des betreffenden Grammatikers — nicht hergeleitet werden kann.

Man sieht, dass die Bezeichnungen mechanisch, physisch, organisch nicht im strengen naturwissenschaftlichen Wortverstande gebraucht werden, immerhin aber kann man aus ihrer Anwendung schliessen, dass Bopp sich die Sprache als eine Art von Naturkörper vorstellt. Dieses Wort gebraucht er geradezu Vocalismus S. 1: »Die Sprachen sind als organische Naturkörper anzusehen, die nach bestimmten Gesetzen sich bilden, ein inneres Lebensprincip in sich tragend sich entwickeln und nach und nach absterben, indem sie, sich selber nicht mehr begreifend, die ursprünglich bedeutsamen, aber nach und nach zu einer mehr äusserlichen Masse gewordenen Glieder oder Formen ablegen oder verstümmeln oder missbrauchen, d. h. zu Zwecken verwenden, wozu sie ihrem Ursprunge nach nicht geeignet waren«.

Dieser Satz führt nach zwei Richtungen weiter. Zunächst möchte ich die Aufmerksamkeit des Lesers auf die Bemerkung lenken, dass die Sprache im Laufe der Zeit sich selbst nicht mehr begreife. Es wird damit der Sprache geistige Thätigkeit zugeschrieben, und von ihr gesprochen, als ob sie ein denkendes Wesen sei. Diese Ausdrucksweise ist nicht vereinzelt. An anderen Stellen redet Bopp von dem Geist oder Genius der Sprache und erkennt in ihrem Verfahren gewisse Tendenzen und Absichten. Manchmal wird auch nicht die Sprache als Ganzes, sondern die einzelne Form wie ein denkendes Wesen angesehen. So heisst es Vgl. Gr.[1] S. 516 der slavische Stamm *sjo* sei sich »seiner aus der Urperiode der Sprache überlieferten Zusammensetzung nicht mehr bewusst«. Diese Wendungen sind Bilder und zwar sehr natürliche, und wahrscheinlich würde Bopp, wenn man ihn darauf aufmerksam gemacht hätte, zugestanden haben, dass in Wahrheit diese Seelenthätigkeiten sich nicht in der Sprache, sondern in den einzelnen sprechenden Menschen vollziehen, aber es ist wichtig, hier auf die Anfänge einer Anschauungsweise aufmerksam zu machen, die sich bei Schleicher bis zu einer bewussten Hypostasirung des Begriffes Sprache gesteigert hat. Ferner ist in dem angeführten Satze der Ausdruck absterben beachtenswerth. Nach Bopp bedeuten alle äusseren Veränderungen, die wir an den indogermanischen Sprachen wahrnehmen, nicht Entwickelung, sondern Krankheit, Verstümmelung, Verfall. Wir lernen die Sprachen nicht in aufsteigender Entwickelung kennen, sondern in einem Zustande, in welchem sie das ihnen bestimmte Ziel bereits überschritten hatten. Wir ergreifen sie nämlich in einem Zustande, »wo sie syntaktisch zwar sich noch vervollkommnen mochten, in grammatischer Beziehung aber schon mehr oder weniger von dem verloren haben, was zu der vollendeten Einrichtung gehörte, in welcher die einzelnen Glieder in genauem Verhältnisse zu einander standen, und alles Abgeleitete noch durch ein sichtbares, ungetrübtes Band an das, wovon es ausgegangen, sich anschloss.« (Vocalismus S. 2). So lange der Sinn der Zusammensetzung in einer grammatischen Form noch gefühlt wird, setzt sie der Veränderung noch Widerstand entgegen. Je weiter aber die Sprachen von ihrem Ursprunge sich entfernen, desto mehr gewinnt die Liebe zum Wohllaut an Einfluss (Abh. der Berl. Akad. 1824, S. 119). Auch diese Anschauungsweise ist von Schleicher gesteigert und systematisirt worden.

Nach diesen Bemerkungen über Bopp's Grundanschauungen gehe ich dazu über, mehr im Detail zu zeigen, wie er sich die Veränderungen in der Sprache vorstellte, und benutze zur Anordnung die von Bopp selbst aufgestellten Kategorien: mechanische und physische Gesetze.

Die von Bopp so genannten mechanischen Gesetze zeigen sich vor Allem wirksam in den Veränderungen, welche das Gewicht der Personalendungen in dem Stamme hervorbringt.

Auf die schwere Form des Stammes folgt die leichte Endung,
z. B. *émi* ich gehe, von *i* gehen, aber vor der schweren Endung wird nur die leichte Stammform geduldet, z. B. *imás* wir
gehen. Auf demselben Gesetz beruht der deutsche Ablaut,
den wir z. B. in ich *weiss*, wir *wissen*, noch bis heute bewahrt
haben. Wir erklären jetzt diese zuerst von Bopp formulirten
Thatsachen anders, indem wir die Schwächung gewisser Silben
nicht mehr einem Gesetz der Schwere, sondern der Kraft des
Accentes der folgenden Silbe zuschreiben.

Ausser dem Einfluss des Gewichts der Personalendungen
erkennt Bopp noch eine andere Wirkung des Gravitätsgesetzes,
die sich an folgenden Beispielen anschaulich machen lässt.
Die Stammsilben haben die Aufgabe, die Bildungssilben zu
tragen, und es kann vorkommen, dass eine Stammsilbe für
diesen Zweck nicht stark genug ist. Ein solcher Fall liegt vor
in dem sanskritischen Imperativ *kinu* sammle, von *ki*, wozu
bemerkt wird, das Zeichen *nu* könne die Endung *hi* nur dann
tragen, wenn das *u* sich an zwei vorhergehende Consonanten
anlehnen kann, wie das z. B. in *āpnuhi* der Fall ist. »Wo aber
dem *u* nur einfache Consonanz vorhergeht, da ist es unfähig
geworden, die Endung *hi* zu tragen, daher *kinu* sammle,
von *ki*« (§. 451). Ähnlich erklärt sich Bopp den Umstand,
dass die Perfectendungen im Vergleich zu denen des Präsens
stark verstümmelt erscheinen. Die Wurzel ist, da sie im Perfectum ja auch die Reduplicationssilbe zu tragen hat, gleichsam nach zwei Seiten engagirt, und nicht mehr im Stande,
eine schwere Endung zu heben. Es ist klar, dass dieses zweite
Gravitätsgesetz, dessen Wirkung Bopp noch an mehreren
Punkten findet, gegen das erste in directen Gegensatz tritt,
und es wird wohl jetzt allgemein zugestanden, dass der Gedanke, der in diesem Gesetz ausgesprochen ist, an Bildlich-
keit und Undeutlichkeit leidet.

Von den mechanischen Gesetzen, welche wir (wie angedeutet) nicht mehr in der Weise wie Bopp uns vorstellen und
anerkennen können, komme ich zu den physischen Gesetzen, die wir jetzt Lautgesetze zu nennen pflegen. Um
den Bopp'schen Standpunkt in dieser Beziehung zu würdigen,
ist es wichtig, sich klar zu machen, auf welchem Wege man
überhaupt zur Aufstellung von Lautgesetzen gelangen konnte.
Wer immer das Sanskrit mit einer anderen indogermanischen
Sprache, etwa dem Griechischen, verglich, musste den Eindruck erhalten, dass in beiden Sprachen Worte und Formationen

vorhanden sind, die sich vollkommen decken. Es konnte Niemanden entgehen, dass z. B. Skr. *mātár* und griech. μήτηρ, Skr. *dáma* und griechisches δόμος, Skr. *pitár* und griech. πατήρ dieselben Worte seien und dass die Flexionsendungen des Verbums in beiden Sprachen im Wesentlichen übereinstimmen. Die Überzeugung von dieser Übereinstimmung beruhte auf der unmittelbaren Evidenz, und war nicht weiter zu beweisen. Aus der Vergleichung konnte man die Regel ziehen, dass gewissen Lauten des Sanskrit gewisse Laute des Griechischen entsprächen, dem *m* das μ, dem *t* das τ u. s. w. Indessen selbst bei der Heranziehung ganz weniger Worte ergab sich zugleich, dass nicht immer derselbe Laut des Skr. durch denselben des Griechischen vertreten wurde. So entsprach z. B. in *dáma* δόμος; *dádāmi* δίδωμι dem indischen *d* das griechische δ, aber in dem Paare *duhitár-*θυγάτηρ, das man doch nicht aus einander reissen wollte, dem indischen *d* ein griechisches θ. Durch solche Erfahrungen musste man zu der Ansicht getrieben werden, dass die Regeln Ausnahmen leiden, und also sagen: Gewöhnlich entspricht dem indischen *d* das griechische δ, manchmal aber auch das griechische θ. Einer solchen Regel gegenüber ist nun eine doppelte Stellung denkbar. Entweder kann man, indem man von der theoretischen Überzeugung ausgeht, dass Gesetze keine Ausnahmen leiden, sich veranlasst fühlen, nach den Gründen zu suchen, welche die sogenannte Ausnahme hervorbringen, oder man kann sich bei der Formulirung mittelst »gewöhnlich« und »manchmal« beruhigen. Und dieser letztere ist, im Grossen und Ganzen gesprochen, Bopp's Standpunkt. »Man suche — so war seine Meinung — in den Sprachen keine Gesetze, die festeren Widerstand leisten, als die Ufer der Flüsse und Meere« (Vocalismus S. 15). An anderen Stellen nimmt er wenigstens für einen Theil der beobachteten Lautvorgänge diese bequeme Auffassung in Anspruch, indem er meint, es gäbe zwei Arten von euphonischen Veränderungen in den Sprachen, »die eine zum allgemeinen Gesetz erhoben, kommt bei jeder gleichen Veranlassung in gleicher Gestalt zum Vorschein, während andere nicht zum Gesetz gewordene nur gelegentlich hervortreten« (Vgl. Gr.[1] §. 236, Anm.). Dass diese letztere Art von Erscheinungen nach Bopp's Meinung einen breiteren Raum einnimmt, als die erste, wird man bald gewahr. Er nimmt für die Sprache häufig das Recht in Anspruch, mit »einer gewissen Freiheit« von dem bestehenden Gesetze abzuweichen. Dass Vocale ohne

Grund verlängert werden, starke Verstümmelungen ohne denk-
bare Veranlassung eintreten (wie z. B. ἐτύπην aus ἐτύφθην verstümmelt sein soll), und dass die gleiche Lautgruppe sich in
einer und derselben Sprachperiode zu sehr verschiedenen Bildungen umgestaltet, erscheint ihm nicht merkwürdig. So soll
z. B. der Pronominalstamm *sma* im Gothischen in sechs Gestalten erscheinen, als *nsa, sva, nka, nqva, mma* und *s* (§. 167).
Wenn er für einen ihm wahrscheinlichen Übergang in derselben Sprache keine Analogie nachweisen konnte, so wandte
er sich an eine andere, z. B. um die Behauptung zu erhärten,
dass das *l* der slavischen Participia aus *t* hervorgegangen sei,
an das Bengalische. Das κ von δέδωκα deutet er aus *s*, in
τέτυφα aber ist dieses κ »gleichsam im Geiste des germanischen
Lautverschiebungsgesetzes« zu *h* und dieses mit der vorhergehenden Tenuis oder Media zur Aspirata geworden (§. 569).
Auch vor der Annahme ganz vereinzelter Übergänge schreckt
er nicht zurück. Ausnahmslosigkeit nimmt Bopp nur selten
für ein Lautgesetz in Anspruch. Ein interessantes Beispiel
der Art findet sich in seiner Abhandlung über das Demon-
strativum und den Ursprung der Casuszeichen (Abh. der Berl.
Akad. 1826). Dort ist es ihm sehr wichtig, zu beweisen, dass
der Artikel *sa* ὁ niemals ein Nominativ -*s* gehabt haben könne,
und bei der Zurückweisung der Annahme, dass das *s* im
Sanskrit und Griech. abgefallen sein könnte, führt er die Ausnahmslosigkeit gewisser Lautgesetze in folgenden bezeichnenden Worten ins Gefecht: »Allein es darf nicht übersehen
werden, dass solche Abschleifungen gewöhnlich, wo nicht
immer, mehr in Masse und gesetzmässig als im Einzelnen und
willkürlich stattfinden, und wenn der Geist einer Sprache zu
irgend einer Periode ihrer Geschichte einen Hass fasst gegen
irgend einen Buchstaben als Schlusspfeiler eines Wortes, so
verdrängt er ihn überall, wo er ihn vorfindet, so dass auch
nicht ein einziger übrig bleibt, welcher der Vermuthung Raum
liesse, dass noch andere seines Gleichen dagewesen. Auf
diese Weise hat im Griechischen ein Lautgesetz gegen das τ
gewüthet und es überall ausgerottet, wo es als Endbuchstabe
stand, so wichtig und ausgedehnt auch seine grammatische
Rolle muss gewesen sein, wie sich aus der Vergleichung mit
den verwandten Sprachen klar genug zu erkennen giebt. Das
Σ hingegen ist stets ein dem griechischen Ohr befreundeter
Endbuchstabe geblieben, und so gerne es in der Mitte zwischen
zwei Vocalen sich hat verdrängen lassen, so standhaft zeigt es

sich am Ende, überall wo die vergleichende Sprachkunde es
erwarten lässt.«

Man sieht aus diesen Anführungen, die ins Unendliche
vermehrt werden könnten, dass Bopp zwar im einzelnen
Falle, wo die Thatsachen es ihm an die Hand zu geben schienen, einem Lautgesetze Ausnahmslosigkeit zusprach, aber
keineswegs im Allgemeinen, sondern dass er der Sprache die
Freiheit zugestand, von den bestehenden Gesetzen sich gelegentlich zu emancipiren. Es wird allgemein zugestanden
(auch von denjenigen Forschern, welche dem Princip der Ausnahmslosigkeit der Lautgesetze nicht zustimmen), dass Bopp
auf dem Gebiet der Lautlehre seinen Nachfolgern am meisten
zu thun übrig gelassen hat. Für ihn war (wie schon angedeutet
worden ist) stets der Gesammteindruck, dass die verglichenen Worte identisch seien, entscheidend, und diesem Gesammteindruck hatten sich die Laute zu fügen, die Controlle
der einen Behauptung durch die Vergleichung der sonst be-
zeugten Schicksale desselben Lautes hat er nicht in genügen-
dem Masse eintreten lassen. Es ist das grosse Verdienst
August Friedrich Pott's, diese Lücke ausgefüllt zu haben.

Der eben geschilderte methodische Mangel bei Bopp's
Forschungen machte sich nun auf dem indogermanischen Gebiete darum nicht so stark fühlbar, weil in denselben in der
That eine Fülle von Formen und Worten vorhanden ist, wo
an derselben Stelle derselbe Laut erscheint, und weil Bopp
bei der Aufdeckung verborgener Ähnlichkeiten durch seinen
genialen Tiefblick wunderbar richtig geleitet wurde, er trat
aber grell hervor, als Bopp es unternahm, Sprachen, deren
Zugehörigkeit zu unserem Sprachzweige nicht feststand, zur
Vergleichung heranzuziehen, ich meine namentlich die malayisch-polynesischen. Es wird jetzt, so viel ich weiss,
von den Kennern durchweg angenommen, dass diese Sprachen
mit den sanskritischen Sprachen nichts zu thun haben, Bopp
aber empfing den Eindruck, dass sie zum Sanskrit in einem
töchterlichen Verhältniss stünden, und suchte die Verwandtschaft in derselben Weise zu erhärten, wie die der indogermanischen Sprachen in seiner Vgl. Gr., soweit der Charakter
dieser Sprachen, welche »eine totale Auflösung ihres Urbaues
erfahren haben«, es gestattet. Er stellte also auch hier nicht
Lautentsprechungstabellen auf, sondern verglich Wörter, die
ihm identisch zu sein schienen (z. B. die Zahlwörter) mit
einander, und suchte sich mit den Lautübergängen im einzel-

nen Falle abzufinden. Natürlich wurde sein Verfahren hier, wo er es mit einem völlig widerstrebenden Stoff zu thun hatte, gewaltsamer als auf dem indogermanischen Gebiet. Ich will diese Gewaltsamkeit durch ein Beispiel belegen. Es betrifft das Wort *po*, welches Nacht bedeutet. Darüber sagt Bopp (Über die Verwandtschaft der malayisch-polynesischen Sprachen mit den indisch-europäischen, Abh. der Berl. Akad. 1840) S. 172 Folgendes: »Die gewöhnliche Benennung der Nacht lautet in den Südseesprachen, namentlich im Neuseel., Tahit. und Hawaischen *po*, welches dem sanskritischen *kṣapas*, *kṣapo* gleichsam wie ein Echo nur die letzte Silbe nachruft«. Nun giebt es ausserdem ein Wort *bo* Tag, welches, wie es S. 218 heisst, aus dem skr. *divas*, *divo* entsprungen sein könnte. »Sollte aber — fährt Bopp fort — das tongische *bo* mit dem früher erwähnten *po* zusammenhängen, welches in den Südseesprachen Nacht bedeutet, so müsste man die Zusammenstellung dieses *po* mit dem Sanskrit *kṣapas* fallen lassen, und annehmen, dass diesem *po* ein Epitheton entfallen sei, welches im Tongischen den Tag zur Nacht umschafft, und diese als schwarzen oder dunkelen Tag bezeichnet.«

Es ist nach dem, was ich oben über Bopp's Verhältniss zur Lautlehre gesagt habe, nicht nöthig, weiter auf solche Extravaganzen einzugehen, es ist vielmehr schon durch das Gesagte klar, dass an dem Scheitern dieses Unternehmens auf malayisch-polynesischem Gebiet nicht etwa ein constitutioneller Fehler der Sprachwissenschaft überhaupt, sondern lediglich ein später ausgeglichener Mangel der in diesem Punkte noch unfertigen Bopp'schen Methode sich offenbart.

Dass aber Bopp noch in ziemlich latitudinarischen Vorstellungen über Lautwandel und Lautgesetze befangen war, muss man sehr natürlich finden. Bopp war kein Naturforscher, sondern ein Philologe, der sein Leben lang mit Grammatiken verkehrte. Einem Naturforscher freilich erscheint der Gedanke, dass ein Gesetz beliebig Ausnahme erleiden könne, lächerlich oder empörend, dagegen war diese Anschauung der philologischen Theorie und Praxis völlig geläufig. In allen Grammatiken war die Masse des »Unregelmässigen« mindestens ebenso gross als die des »Regelmässigen« und eine Regel ohne Ausnahmen erregte geradezu Verdacht. Derartige überlieferte Meinungen aber verlieren sich erst im Laufe von Generationen.

Bopp's Leistung besteht, wie schon oben bemerkt, darin, dass er eine selbständige Theorie über die Entstehung der Flexion aufstellte, und sodann darin, dass er die gründliche Urgemeinschaft der indogermanischen Sprachen wissenschaftlich nachwies.

Wir sind nunmehr, nachdem wir dem Leser Bopp's Arbeiten auf beiden Gebieten vorgeführt haben, im Stande, in wenigen Worten zusammenfassend anzugeben, welches die geistige Eigenthümlichkeit ist, die in den Schriften dieses grossen Gelehrten besonders hervortritt.

Wenn man hört, dass ein einzelner Mann das Sanskrit, Altpersische, Zend, Armenische, Griechische, Italische, Keltische, Slavische und Germanische vergleichend dargestellt hat und noch über dieses ungeheure Gebiet hinaus zu den Sprachen der Südsee fortgeschritten ist, so ist man leicht geneigt, ihm eine ganz ungewöhnliche, ja exorbitante Gelehrsamkeit zuzuschreiben. Bei näherer Betrachtung aber sieht man leicht, dass die Gelehrsamkeit nicht eigentlich eine für Bopp charakteristische Eigenschaft ist. Gewiss hat er in einem arbeitsamen Leben viel gelernt, aber er war nicht einer von den Männern, über deren Gelehrsamkeit man erschrickt, wie das etwa bei A. W. v. Schlegel der Fall war. Von manchen Sprachen, um deren Aufhellung er sich unvergängliche Verdienste erworben hat, wie das Slavische und Keltische, hatte er (philologisch gesprochen) nur dürftige Kenntnisse, und gegen gewisse Einzelheiten der Überlieferung, wie z. B. die Regeln der Latinität war er gelegentlich gleichgültiger, als wünschenswerth ist. So nahm er sich nicht übel, seinem Sanskritwörterbuch den Titel *glossarium sanscritum a Franzisco Bopp* zu geben und zog es vor, *postquam* mit dem Plusquamperfectum zu construiren. Was ihm zur Erklärung der Formen und zum Verständniss des Naturzustandes der Sprache nicht beizutragen schien, liess ihn verhältnissmässig gleichgültig.

Auch das ist nicht völlig richtig, was man oft versichern hört, dass Bopp die sprachvergleichende Methode erfunden habe. Bopp hat es in unvergleichlicher Weise verstanden, in dem Getrennten die ehemalige Einheit zu erkennen, aber eine methodische Kunst, die man ihm ablernen könnte, hat er nicht aufgebracht. Vielmehr liegt, wie oben gezeigt worden ist, grade auf der methodischen Seite seine Schwäche.

Bopp's Grösse besteht in etwas Anderem, was von Gelehrsamkeit und Methode unabhängig ist, nämlich in dem,

was wir Genialität nennen. Seine Vergleichende Grammatik
beruht auf einer Reihe von genialen Entdeckungen, die nicht
durch Gelehrsamkeit und Übung ermöglicht wurden, sondern
durch eine für uns nicht weiter analysirbare Naturgabe. Damit will ich natürlich nicht sagen, dass Bopp seiner Gelehrsamkeit und seinem logisch urtheilenden Verstande nicht Vieles
zu danken habe, sondern nur, dass das glückliche Aperçu bei
ihm eine viel wichtigere Rolle spielt, als bei anderen ausge-
zeichneten Sprachforschern, z. B. bei August Schleicher.

Zweites Kapitel.

Bopp's Zeitgenossen und Nachfolger bis auf August Schleicher.

Bopp war selbständig, aber nicht einsam. Mit ihm zugleich arbeiteten auf nahe angrenzenden Gebieten Wilhelm
von Humboldt, August Wilhelm von Schlegel,
Jakob Grimm. Ich will versuchen, den Einfluss abzuschätzen, welchen diese Männer auf die von Bopp begründete
Wissenschaft ausgeübt haben.

Von Wilhelm von Humboldt spricht Bopp nie
ohne einen Ausdruck von Verehrung. Es genügt die Worte
anzuführen, mit denen er die Vorrede zur zweiten Abtheilung
der Vergleichenden Grammatik schliesst: »Ich habe das Glück
gehabt, über diese schon anderwärts berührte Wahrnehmung
(die Adjectivdeclination betreffend) noch das mir überaus
schätzbare beifällige Urtheil meines verewigten Gönners W. v.
Humboldt zu erfahren, in welchem vor kurzem die Sprachwissenschaft ihre schönste Zierde verloren hat. Von Schmerz
über diesen harten Verlust noch ganz ergriffen, kann ich es
nicht unterlassen, hier dem ruhmvollen Andenken jenes
grossen Mannes den Ausdruck der innigsten Verehrung und
Bewunderung zu zollen, womit seine geistreichen Schriften im
Gebiete philosophischer und historischer Sprachforschung, so

wie sein lehr- und liebreicher persönlicher und brieflicher
Umgang mich durchdrungen haben.«

Dass aber W. v. Humboldt auf Bopp einen erheblichen Einfluss ausgeübt habe, kann ich nicht finden. Die
unendlich vielseitige, die verschiedenartigsten Kenntnisse und
Strebungen in sich vereinigende und aussöhnende Humboldt'sche Natur war nicht geeignet, einem Geiste von so
grosser und einfacher Kraft wie dem Bopp'schen eine veränderte Richtung zu geben. Überhaupt ist nichts schwieriger,
als mit deutlichen Worten anzugeben, worin die Einwirkung
besteht, welche Humboldt gerade auf die indogermanische Sprachforschung ausgeübt hat. Es ist schwer innerhalb derselben ein Gebiet zu bezeichnen, auf dem er Bahn
gebrochen hätte, mit Bestimmtheit eine Theorie zu nennen,
die er aufgestellt hätte, eine Anschauungsweise anzugeben,
die lediglich auf ihn zurückginge, und doch bekennt sich nicht
bloss Bopp, sondern bekennen sich auch andere Vertreter
dieses Faches wie Pott, Schleicher, Curtius als Humboldt's dankbare Schüler. Auf die Frage, womit denn
Humboldt auf diese Männer gewirkt habe, hat man wie ich
glaube zu antworten: hauptsächlich mit der Totalität seines
Wesens. Seine hohe und uninteressirte Liebe zur Wahrheit,
sein stets auf die höchsten idealen Ziele gerichteter Blick, sein
Streben über dem Einzelnen das Ganze, und über dem Ganzen das Einzelne nicht aus dem Auge zu verlieren, und sich
damit sowohl von den Gefahren des Specialistenthums, wie
der bisherigen allgemeinen Grammatik fern zu halten, die
abwägende Gerechtigkeit seines Urtheils, sein allseitig gebil-
deter Geist und seine edle Humanität — alle diese Eigenschaften wirken stärkend und läuternd auf eine fremde wissenschaftliche Persönlichkeit, die Wilhelm von Humboldt
nahe tritt, und diese Art der Einwirkung wird, wie ich glaube,
Humboldt noch lange behalten und selbst auf diejenigen
auszuüben fortfahren, welche den Humboldt'schen Theorieen rathlos gegenüberstehen.

Weniger freundlich als gegen Wilhelm von Hum-
boldt hat sich die Nachwelt gegen August Wilhelm von
Schlegel gestellt. Es ist, wie ich glaube, ausserhalb der
Fachkreise nicht bekannt genug, dass der Übersetzer des
Shakespeare zugleich der Begründer der Sanskritphilologie ist.
A. W. v. Schlegel stand bereits im 48ten Jahre, als er sich
mit Sanskrit zu beschäftigen anfing, aber sein bewunderungs-

würdiger Fleiss und seine durch vielseitige Übung gestärkte
Orientirungsgabe machten ihn in kurzer Zeit zum Herrn der
gewaltigen Schwierigkeiten, die damals dem Studium der indischen Literatur entgegenstanden. Mit Bewunderung lesen
wir, wie richtig er sofort die Aufgaben präcisirte, welche zu
lösen waren: »Soll« — so heisst es in der Indischen Bibliothek
I, 22 — »das Studium der Indischen Literatur gedeihen, so
müssen durchaus die Grundsätze der classischen Philologie,
und zwar mit der wissenschaftlichsten Schärfe darauf angewandt werden. Man wende nicht ein, die gelehrten Brahmanen seyen ja durch ununterbrochene Überlieferung im
Besitz des Verständnisses ihrer alten Bücher; für sie sei das
Sanskrit noch eine lebende Sprache; wir dürften also nur bei
ihnen in die Schule gehn. Mit den Griechen war es vor der
Zerstörung von Constantinopel derselbe Fall; die Kenntnisse
eines Laskaris, eines Demetrius Chalkondylas, von der alten
Literatur ihres Volkes waren allerdings schätzbar; dennoch
haben die abendländischen Gelehrten sehr wohl gethan, es
nicht dabei bewenden zu lassen. Zur Lesung der Griechen
war man indessen in Europa durch die nie ganz ausgestorbene
Bekanntschaft mit der Lateinischen Literatur ziemlich vorbereitet. Hier hingegen treten wir in einen völlig neuen
Ideenkreis ein. Wir müssen die schriftlichen Denkmale Indiens zugleich als Brahmanen und als Eropäische Kritiker
verstehen lernen. Die heutigen Homerischen Fragen waren
jenen gelehrten Griechen nicht fremder, als es die Untersuchungen über den Ursprung der Indischen Religion und
Gesetzgebung, über die allmähliche Entwickelung der Mytho-
logie, über ihren Zusammenhang und ihre Widersprüche, über
ihre kosmogonische, physische oder geschichtliche Deutung,
endlich über die Einmischungen späteren Betruges, den Wei-
sen Indiens sein würden. Dem Herausgeber Indischer Bücher
bieten sich dieselben Aufgaben dar, wie dem classischen Philologen: Ausmittelung der Ächtheit oder Unächtheit ganzer
Schriften und einzelner Stellen; Vergleichung der Hand-
schriften, Wahl der Lesearten und zuweilen Conjectural-
Kritik; endlich Anwendung aller Kunstgriffe der scharf-
sinnigsten Hermeneutik« u. s. w. Diesem Programm liess
A. W. v. S c h l e g e l die That auf dem Fusse folgen. Seine
Ausgaben leisten nach dem Urtheile der Kenner Alles, was
damals zu leisten überhaupt möglich war, und bilden den
wahrhaftigen Anfang der indischen Philologie. — Zu B o p p

stellte sich A. W. v. S c h l e g e l anfangs freundlich. Er war
es, der zuerst (in den Heidelberger Jahrbb. 1815 Sept. Nr. 56)
dem Publicum ankündigte, was es von B o p p würde zu erwarten haben, er zeigte den Nalas von B o p p mit Einsicht
und Wohlwollen an, und versicherte noch 1827 in dem ersten
Brief an Heeren (Indische Bibliothek 2, 385), dass B o p p und
er seit ihrer 1812 in Paris begonnenen Bekanntschaft »immer
in freundschaftlichem Wetteifer und Einverständniss für denselben Zweck gewirkt hätten.« Später änderte sich das Verhältniss und an die Stelle des freundschaftlichen Wetteifers
trat eine jener literarischen Feindschaften, die für A. W.
v. S c h l e g e l zum Lebensbedürfniss gehörten.

Zu einer gründlichen polemischen Auseinandersetzung
zwischen S c h l e g e l und B o p p ist es nicht gekommen, sondern nur zu einzelnen spitzen Epigrammen A. W. v. S c h l e-
g e l's, die von B o p p erwidert wurden. Der Gegensatz bezog
sich auf zwei Gebiete, die Sanskritphilologie und die Sprachforschung. B o p p hat neben seinen grossen sprachvergleichenden Arbeiten noch Zeit gefunden, die nöthigen Hülfsmittel für das Studium des Sanskrit zu schaffen, die Ausgabe
des Nala, ein Glossar, und vor allen Dingen die Sanskritgrammatik in mehreren verschiedenen Fassungen. Und bei dieser
beging er eine Unterlassungssünde, die A. W. v. S c h l e g e l
ihm nicht verziehen hat. B o p p hat den indischen National-
grammatikern niemals ein specielles Studium zugewendet, was
er von ihnen gebrauchen konnte, entnahm er aus zweiter
Hand, nämlich aus den Grammatiken seiner englischen Vorgänger, er selbst begnügte sich auf dem Wege directer Beobachtung und vergleichender Zergliederung in die heilige
Sprache Indiens einzudringen. Nun ist gewiss nicht zu bezweifeln, dass S c h l e g e l in der Theorie vollkommen Recht
hatte, wenn er forderte, dass die einheimischen Meister der
indischen Grammatik nicht vernachlässigt würden, aber ebenso sicher ist auch, dass B o p p sich von einem richtigen Gefühl leiten liess. Das Einarbeiten in die indischen Grammatiker würde bei den damaligen Hülfsmitteln Jahre gekostet
haben, und mit Recht bemerkt B e n f e y (Geschichte der
Sprachw. 389), dass es fraglich ist, ob diese eminent philolo-
gische Aufgabe sich gerade für B o p p geschickt haben würde.

Auf dem anderen Gebiet, dem der Sprachvergleichung, galt
es für A. W. v. S c h l e g e l, gleichsam die Ehre der Familie zu
vertheidigen. Dass B o p p sich von der Theorie F r i e d r i c h

Schlegel's immer mehr abwendete, vermerkte der Bruder
sehr übel. Er sah sich als den natürlichen Vertheidiger der
»organischen« Auffassung an, der die Bopp'sche »Agglutinationstheorie« in so bedrohlicher Weise das Feld abgewann.
Leider ist A. W. v. Schlegel nicht weiter gekommen als zu
der Ankündigung eines grossen sprachwissenschaftlichen
Werkes, welches den Titel führen sollte: Etymologicum
novum sive synopsis linguarum, qua exponitur parallelismus
linguae Brachmanum sacrae cum lingua Graeca et Latina;
cum reliquiis linguae Etruscae, Oscae ceterarumque indige-
narum veteris Italiae dialectorum; denique cum diversis po-
pulorum Teutonicorum linguis, Gothica, Saxonica, Francica,
Alemannica, Scandica, Belgica.   Doch ist von seinem ver-
trauten Schüler Christian Lassen eine umfängliche und
eingehende Recension der Bopp'schen grammatischen Arbeiten vorhanden, aus der man sieht, wie etwa in dem
Schlegel'schen Kreise über Bopp geurtheilt sein mag.
Der Ton, in dem Lassen schreibt, ist der des kalten
aber gerechten Richters. Das Löbliche wird gebührend hervorgehoben, das Verfehlte mit Ernst getadelt, nur bei der Erwähnung der Agglutinationstheorie bricht Animosität hervor.
Die betreffende Stelle lautet so (Indische Bibl. 3, 78): »Ich
hatte mir vorgenommen, gegen die hier wiederkehrende Agglutinationstheorie zu sprechen; da ich aber weiss, dass Herr
von Schlegel über diesen Punkt reden wird, so will ich
mir gern ein freiwilliges Stillschweigen über diese Materie
auflegen, die es wohl verdient, von seiner überlegenen Hand
behandelt zu werden. Ich will also bloss berichten, dass nach
Herrn Bopp's Ansicht die charakteristischen Buchstaben der
Personal-Endungen eigentlich angehängte Pronomina sind,
und dass der Ursprung vieler Tempora in dem einverleibten
Verbum substantivum (as) gesucht wird. Dieses Wort spielt
überhaupt in dem vorliegenden Buche die Rolle des alten
Überall-und-nirgends und verwandelt sich auf proteische
Weise in die verschiedensten Gestalten. Obwohl nun die Zu-
bereitungen, unter welchen Herr Bopp das Wörtlein as auf-
tischt, mir selten besonders schmackhaft vorkommen, so will
ich ihm doch aus Dankbarkeit für seine sonstigen verdienst-
vollen Bestrebungen eine ihm unbekannte Form dieses Verbums nachweisen, mit welcher ich zwar nicht viel anzufangen
wüsste, ohne desshalb behaupten zu wollen, dass sie nicht von
anderen zu den unerwartetsten Ableitungen benutzt werden

könnte. Diese Form ist *ás* (für *ást*), die dritte Person Sing. des Imperf. Act. (Pānini VII, 3, 97). Die Kürze der Form macht sie zu Ableitungen sehr geschickt, wie für Wortvergleichungen keine Wörter so brauchbar sind, als die kurzen Chinesischen, weil man bloss einen Vocal nicht zu berücksichtigen und einen Consonanten in einen andern zu verwandeln braucht, um nach Belieben Finnisch, Koptisch und Irokesisch daraus zu machen. Den Gipfel der Agglutinationstheorie erreichen wir aber in der Ableitung des einfachen Augments vom *a privativum*. Unter allen wunderlichen Eigenschaften, womit man die urweltlichen Menschen begabt hat, ist diese Logik die merkwürdigste, dass sie statt zu sagen: i c h s a h, gesagt haben: i c h s e h e n i c h t. Auf die Pädagogik angewandt würde diese Verfahrungs-Art so ausgedrückt werden müssen: Fange die Erziehung deiner Kinder damit an, ihnen den Kopf abzuschlagen. Ein Verbum wird erst um seine Bedeutung gebracht, um alsdann eine neue Form daraus bilden zu können.«

Diese L a s s e n'sche ¦Recension erregte bei B o p p's Freunden grosse Entrüstung, aber sie hatte keine nachhaltige Wirkung, weil sie es an positiven Aufstellungen fehlen liess, welche B o p p's Agglutinationstheorie hätten ersetzen können. Auch später ist diese Lücke weder von A. W. v. S c h l e g e l noch von einem seiner Anhänger öffentlich ausgefüllt worden. So gerieth die S c h l e g e l'sche Opposition allmählich in Vergessenheit, B o p p's Theorieen behaupteten ungestört das Feld. Erst in W e s t p h a l's grammatischen Arbeiten hat die S c h l e g e l'sche Ansicht eine Art von Nachblüte erlebt. Von ihnen wird weiter unten die Rede sein.

Hiernach ist der Einfluss S c h l e g e l's auf die Sprachvergleichung nicht gerade ein direct fördernder gewesen. Aber indirect hat er nicht unbeträchtlich gewirkt. Indem S c h l e g e l den Sanskritstudien einen mächtigen Impuls gegeben hat, gebührt ihm ein Theil des Dankes, den die Sprachvergleichung der Sanskritphilologie schuldet.

Mächtig und unmittelbar aber war die Einwirkung von J a k o b G r i m m. J a k o b G r i m m steht völlig selbständig neben B o p p. Als der erste Band der deutschen Grammatik herauskam, 1819, war von B o p p nicht mehr als das Conjugationssystem und eine Recension von F o r s t e r's Sanskritgrammatik in den Heidelberger Jahrbb. erschienen. Beides hat Grimm benutzt und angeführt, aber das ganze Gerüste

seiner Grammatik stammt aus der vor-Boppischen Periode.
Worin Grimm's epochemachende Leistung besteht, können
wir von ihm selbst erfahren: »Von dem Gedanken — so sagt
er in der Vorrede zu der ersten Ausgabe seiner Grammatik —
eine historische Grammatik der deutschen Sprache zu unternehmen, sollte sie auch als erster Versuch von zukünftigen
Schriften bald übertroffen werden, bin ich lebhaft ergriffen
worden. Bei sorgsamem Lesen altdeutscher Quellen entdeckte
ich täglich Formen und Vollkommenheiten, um die wir Griechen und Römer zu neiden pflegen, wenn wir die Beschaffenheit unserer jetzigen Sprache erwägen; Spuren, die noch in
dieser trümmerhaft und gleichsam versteinert stehen geblieben, wurden mir allmählich deutlich und die Übergänge gelöst, wenn das Neue sich zu dem Mitteln reihen konnte und
das Mittele dem Alten die Hand bot. Zugleich aber zeigten
sich die überraschendsten Ähnlichkeiten zwischen allen ver-
schwisterten Mundarten und noch ganz übersehene Verhältnisse ihrer Abweichungen. Diese fortschreitende unaufhörliche
Verbindung bis in das Einzelnste zu ergründen und darzustellen schien von grosser Wichtigkeit; die Ausführung des
Planes habe ich mir so vollständig gedacht, dass, was ich
gegenwärtig zu leisten vermag, weit dahinten bleibt.« Längst
hat das Urtheil der Kenner, diesen Worten sich anschliessend,
die Verdienste Grimm's in den Satz zusammengefasst:
Grimm ist der Schöpfer der historischen Grammatik. Die
Deutsche Grammatik wirkte mächtig auf die Zeitgenossen.
Zunächst imponirte die unsägliche Fülle des Stoffes, womit
verglichen die schülerhaften »Regeln« der griechischen und
lateinischen Grammatik gar armselig erschienen. Erst aus
Grimm's Grammatik haben wir gelernt, dass zur Gewinnung
eines Gesetzes vollständige Induction nöthig sei. Sodann er-
höhte seine Behandlung die Achtung vor dem, was man den
Naturzustand der Sprache nennen kann, sie sicherte z. B. den
sogenannten Dialecten neben der Schriftsprache ihre gehörige
Stellung, nicht bloss im Gebiete des Deutschen, sondern auch
anderer Sprachen, wie man aus den Worten von Ahrens ab-
nehmen kann, der in der Widmung seines Werkes über die
griechischen Dialecte dankbar des Mannes gedenkt, qui con-
spicuo Grammaticae Diutiscae exemplo docuit, dialectorum
secundum aetates vel stirpes diversarum diligenti et sagaci
comparatione quam possit in secreta linguarum penetrari.
Auf die Sprachforscher wirkte besonders das im Wesentlichen

schon von Rask ausgesprochene unter Grimm's Namen
gehende sogenannte Gesetz der Lautverschiebung. Während
Bopp's Forschung hauptsächlich auf Vergleichung und Erklärung der Formen ausging, so dass in seiner Darstellung die
Wichtigkeit der Lautbeobachtungen noch zurücktrat, stellten
Rask und Grimm durch das Gesetz der Lautverschiebung die
Thatsache fest, dass die Übergänge der Laute, oder wie man
damals sagte, der Buchstaben ineinander nach Gesetzen erfolgen, insbesondere dass zwischen den Lauten des Deutschen
einerseits und der classischen Sprachen andrerseits ein festes
historisches Verhältniss zu beobachten ist. Wie einflussreich
die Entdeckung des Gesetzes der Lautverschiebung geworden
ist, darüber wollen wir uns von dem Schöpfer der Lautlehre der
indogermanischen Sprachen, von A. F. Pott belehren lassen:
»Es ist unter J. Grimm's hohen Verdiensten um besondere
und allgemeine Sprachkunde gewiss keines der geringsten, den
Buchstaben ihre bisher in der Sprachwissenschaft geschmä-
lerten, natürlichen Rechte zurückgegeben und dieselben zu
der gleichstufigen Stellung erhoben zu haben, welche sie in
der Sprache selbst einnehmen. Grimm's geschichtliche Dar-
legung der Lautumwandlungen in den Germanischen Sprachen
hat allein mehr Werth, als manche philosophische Sprachlehre
voll einseitiger oder nichtiger Abstractionen: aus ihr geht zur
Genüge hervor, dass der Buchstabe, als das handgreifliche,
als das freilich auch nicht beständige, aber doch in ruhigerem
Gleise sich bewegende Sprachelement im Ganzen genommen
ein sicherer (sic) Faden im dunklen Labyrinthe der Etymologie
ist als die oft kühn umherspringende Wortbedeutung; aus ihr,
dass die Sprachforschung, insbesondere die vergleichende,
ohne genaue geschichtliche Kenntniss vom Buchstaben des
festen Haltes entbehrt; sie endlich zeigt mit Erstaunen er-
regender Klarheit, dass selbst im blossen Buchstaben nicht —
wie auch sonst nirgends in der Sprache der Fall ist, wohl aber
die bequeme Unwissenheit es sich gern träumen lässt — die
Gesetzlosigkeit frecher Willkür herrscht, sondern vernünftige
Freiheit, d. h. Einschränkung durch selbsteigene in der Natur
der Laute begründete Gesetze« (Etym. Forsch. I, XII).

Vielleicht ist das Urtheil begründet, dass ausser Bopp
niemand einen solchen Einfluss auf die Sprachvergleichung
ausgeübt hat, wie Jakob Grimm (obgleich er nie ein Sprach-
vergleicher im Bopp'schen Sinne gewesen ist, und nicht immer aus den Arbeiten Bopp's die Belehrung gezogen hat,

welche sie ihm hätten gewähren können): jedenfalls darf man
behaupten, dass er die unschätzbaren Gaben, welche der germanischen Grammatik von Bopp zuflossen, durch die wür-
digsten Gegengaben erwidert hat.

———————

Die ungeheure Wichtigkeit der von Bopp und Grimm
begonnenen Forschungen konnte den Zeitgenossen nicht ver-
borgen bleiben, denn in der That kann man — wie Corssen
sich später einmal ausdrückte — ebenso gut dem Sonnenlicht
seine Anerkennung versagen, wie den Hauptresultaten der
vergleichenden Sprachforschung Aber die Consequenzen,
namentlich so weit die Umgestaltung der classischen Studien
in Frage kam, wurden doch nur langsam gezogen. Ausgezeichnete Forscher wie Buttmann arbeiteten auf ihrem
Grundstück weiter, ohne über den Zaun zum Nachbar zu
blicken, der eben eine neue und bessere Methode der Bewirth-
schaftung erfunden hatte, und Pädagogen, die sich zu Wäch-
tern der bestehenden Ordnung berufen fühlten, klagten über
die Jünglinge, welche Alles bisher für wahr gehaltene umzu-
gestalten sich unterfingen, aus deren Arbeiten aber für die
griechische und lateinische Grammatik schliesslich doch nichts
anderes herausspringe, als der »ewige Locativus« (Allgemeine
Schulzeitung, Juli 1833). Alle diese aus Bequemlichkeit oder
Vorurtheil Zurückbleibenden hatten einen schweren Stand
gegenüber den stürmischen Angriffen des Mannes, der nach
übereinstimmendem Urtheil als der hervorragendste von
Bopp's Nachfolgern gepriesen wird, August Friedrich
Pott, durch dessen grosses Werk: »Etymologische For-
schungen auf dem Gebiete der Indogermanischen Sprachen
mit besonderem Bezug auf die Lautumwandlung im Sanskrit,
Griechischen, Lateinischen, Littauischen und Gothischen«
Lemgo 1833—1836 die wissenschaftliche Lautlehre begründet
worden ist.
Pott erkannte, dass nach den Arbeiten von Bopp und
Grimm nunmehr in der Lautlehre ein sicherer Schlüssel zur
Etymologie gefunden werden müsse (s. die interessante Stelle
Etym. Forsch. 2, 349), und die competenten Richter haben
geurtheilt, dass Pott zu der Lösung dieser Aufgabe (soweit
bei Aufgaben, die der Natur der Sache nach endlos sind, von
einer Lösung geredet werden kann) in hervorragendem Masse
befähigt war. Er zeigte sich, wie Renan es ausgedrückt hat,

als un esprit à la fois sévère et hardi, ebenso reich mit combinatorischer Phantasie, wie mit controlirendem Urtheil ausgestattet. Ihm wird nicht nur eine sehr grosse Anzahl der für richtig geltenden Etymologieen verdankt, sondern auch die ersten Lautvergleichungstabellen, die sich auf den ganzen Umfang der verglichenen Sprachen erstrecken. Die Zukunft wird wie ich glaube urtheilen, dass Pott bisweilen, von seiner Phantasie verleitet, sich gewaltsame Annahmen gestattet hat (so namentlich in Bezug auf die Zerlegung von Wurzeln, ein Punkt, in dem ihn Curtius siegreich bekämpft hat), aber dass, im Grossen und Ganzen gesprochen, er mehr als ein anderer Mann zur Gewinnung fester Gesetze für die Lautübergänge beigetragen hat, und wird in Folge dessen Pott's Etymologische Forschungen zu den Grundwerken der vergleichenden Grammatik rechnen, denen neben den Arbeiten von Bopp und Grimm der nächste Platz gebührt. Was die Frage der Entstehung der Flexionsformen betrifft, so schliesst Pott sich an Bopp an, indem er urtheilt, Bopp habe die Flexion so durchsichtig und klar gemacht, dass man, einige noch ungelöste kleinere Schwierigkeiten abgerechnet, deren Natur und Wesen hinreichend etymologisch begreife und erkenne (2, 364). Er findet also ebenso wie Bopp in der Flexion das Princip der Zusammensetzung hauptsächlich wirksam, ohne indessen daneben die symbolische Erklärung gänzlich zu verwerfen. »Die Sprachbezeichnung — so drückt er sich aus — ist entweder symbolisch oder kyriologisch. In der Declination ist die Motion und Geschlechtsbezeichnung häufig symbolisch, die Casualisation und Numeralisation dagegen meistens kyriologisch« (2, 621). Die Flexionsendungen des Verbums fasst er im Wesentlichen ebenso wie Bopp auf, doch verdient bemerkt zu werden, dass er das *n* in der dritten Pluralis auf *anti* nicht wie dieser symbolisch erklärt wissen will, sondern als einen Pronominalstamm ansieht (was später auch Schleicher that) und dass er die erste Plur. *masi* als entstanden aus »ich« und »du« deutete (2, 710). Er ist also ebenso entschieden Anhänger der Erklärung durch Agglutination wie Bopp, wenn er auch, wie wir später sehen werden, die sprachhistorischen Consequenzen aus der Bopp'schen Theorie abweisen möchte.

Neben und nach Pott ist vor Allem Theodor Benfey zu nennen, der, im Ganzen ein Anhänger von Bopp, schon in den ersten Jahren seines Auftretens eine selbständige Thätigkeit nach verschiedenen Seiten hin wendete. Sein grie-

chisches Wurzellexikon, Berlin 1839, der Vorläufer einer im
grössten Stile gedachten, später nicht weiter ausgeführten
griechischen Grammatik, zeigte bei einer erstaunlichen Fülle
des Inhaltes die reichste Combinationsgabe, kann aber in Bezug auf die Auffassung der Lautveränderungen nicht als ein
Fortschritt gegenüber dem Bopp'schen Standpunkte bezeichnet werden. Seine Theorie über die primären Verba, welche
er an Stelle dessen, was man sonst Wurzel nennt, setzen
möchte, und über die Ableitung der stammbildenden Suffixe
wird uns weiter unten beschäftigen, wogegen schon hier das
grosse Verdienst hervorgehoben werden mag, das Benfey
sich durch seine Arbeiten auf dem Gebiet der indischen Philologie, insbesondere durch seine Ausgabe des Sāmaveda, Leipzig
1848, erworben hat. Sein Glossar zum Sāmaveda brachte den
Sprachforschern zum ersten Mal zuverlässiges Material aus der
vedischen Sprache zu bequemer Benutzung dar, und hat auf das
etymologische Studium den heilsamsten Einfluss ausgeübt.[1])

Diese Notiz über ein im Jahre 1848 erschienenes Buch
greift im Grunde schon in die nächste Periode über, deren
Darstellung sich in anderen Formen als bisher zulässig war,
bewegen muss. Denn in der Zeit, die nunmehr wenn nicht
zu schildern doch zu erwähnen sein wird, tritt eine grosse Anzahl von Gelehrten auf, deren Thätigkeit sich derartig ver-
schlingt, dass es gerathen sein wird, die Darstellung nicht
mehr nach den Persönlichkeiten, sondern nach den zu Tage
tretenden Richtungen und Strebungen zu gliedern. Nur
Schleicher, der einen Theil dieser Bestrebungen zusammen-
fasst und zu einem gewissen Abschluss bringt, wird wieder
eine Schilderung für sich in Anspruch nehmen können.

In der Periode zwischen Pott's Etymologischen Forschungen und Schleicher's Compendium ist — was zunächst unsere Aufmerksamkeit auf sich ziehen muss — eine
sehr bedeutende Erweiterung unserer Kenntnisse eingetreten.
Vielleicht war keine Erweiterung für die Sprachwissenschaft
folgenreicher, als die auf dem indischen Gebiet vollzogene.
Die Aufschliessung der indischen Literatur ist in der Art er-
folgt, dass uns zuerst das indische Mittelalter entgegentrat,

---

[1]) Eine warm empfundene Würdigung Benfey's († 26. Juni 1881)
verdanken wir Bezzenberger (Bezzenberger's Beiträge 8, 234 ff.).

hinter dem dann erst später, als etwa von dem Jahre 1840 an
die vedischen Studien aufzublühen anfingen, das indische
Alterthum emportauchte. Durch die Arbeiten von Rosen,
Roth, Benfey, Westergaard, Müller, Kuhn, Aufrecht u. a. wurde in verhältnissmässig kurzer Zeit eine Fülle
neuen und zuverlässigen Stoffes den Etymologen zugeführt,
die bis dahin mit indischen lexikalischen Hülfsmitteln nur
verhältnissmässig schlecht versehen waren. Das Lexikon von
Wilson (über welches neben dem Artikel Schlegel's in
der Indischen Bibliothek 1, 295 ff. das Vorwort von Böhtlingk und Roth zu dem ersten Bande ihres Wörterbuchs
nachzulesen ist) war alles eher als ein historisch angeordnetes
Lexikon, und die indischen Wurzelverzeichnisse sind ein
Hülfsmittel, das eigenthümliche Gefahren in sich birgt.
Selbst wenn wir annehmen könnten, dass die Verzeichnisse,
welche die indischen Grammatiker aufgestellt haben, völlig
correct angefertigt oder überliefert wären, würden sie zu etymologischen Vergleichungen nur mit Reserve zu benutzen
sein, denn die Art wie jene indischen Gelehrten die Bedeutungen angeben, ist eine andere als die uns geläufige. Wenn
sie zu einer Wurzel den Localis eines Substantivums zur Bestimmung ihres Sinnes hinzufügen, so wollen sie damit nicht
immer den individuellen Sinn, sondern oft nur die allgemeine
Bedeutungs-Kategorie angeben, unter die ein Verbum fällt.
Darum warnte der kritische Herausgeber dieser Verzeichnisse,
Westergaard (Radices linguae sanscritae Bonn 1841) vor allzu
vertrauensvoller Benutzung: »Ceterum puto cavendum esse,
ne illa grammaticorum de potestate radicum decreta nimis ur-
geantur, nam illis nihil vagius, nihil magis dubium et ambi-
guum esse potest; sic, ut unum modo exemplum afferam, vo-
cula quae *gatau* est, unumquemque motum ut eundi, currendi
volandi etc. indicat, quin etiam exprimit mutationem, quam
subit lac coagulando, et nescio quam multas alias.« Zu dieser
Schwierigkeit kommt nun noch hinzu, dass die Wurzeln natürlich nicht alle correct aufgestellt sind. Wir dürfen also,
wenn wir vorsichtig verfahren wollen, einer Wurzel nicht eher
trauen, als bis sie in der Literatur belegt ist (und sehr viele
sind das nicht), es sei denn, dass sich ein Grund ermitteln
lässt, warum eine Wurzel naturgemäss in der Schriftsprache
fehlt, wie das z. B. bei *pard* gleich πέρδομαι der Fall ist. Sie
sind aber ausserdem nicht correct überliefert, sondern allen
den Unbilden ausgesetzt gewesen, welche die Zeit an literari-

schen Produkten zu verüben pflegt. Und die Verderbung hat
nicht bloss die Wurzeln getroffen (wie denn Westergaard S. IX
nicht weniger als 130 Wurzeln anführt, die bei seinen Vorgängern irrthümlich figurirten und zum Theil zu Vergleichungen
gebraucht worden waren), sondern auch die Bedeutungs-
angaben. Man sieht wie viel Veranlassung zum Irrthum vorhanden war, und in der That ist auch durch etymologische
Ausnutzung unbelegter Wurzeln und irrthümlich angenom-
mener Bedeutungen viel gesündigt worden. Dass dieser Quell
des Irrthums jetzt verstopft ist, verdanken wir den Arbeiten
der oben genannten Männer, in erster Linie aber dem Sanskrit-
Wörterbuch von Böhtlingk und Roth, diesem unvergleich-
lichen Meisterwerke, das für die Sprachforschung beinahe
ebenso epochemachend geworden ist, wie für die Sanskritphilologie.

Neben dem Sanskrit hat namentlich das Slavische und
Keltische Bearbeitung gefunden. Und zwar ist auf dem slavischen Gebiet nach Dobrowsky und Kopitar vor allen
Anderen Franz Miklosich zu nennen, dessen unermüd-
liche noch heute fortwirkende Arbeitskraft das weite Reich
des Slavischen auch für die nicht-slavischen Forscher erobert
hat, auf dem Gebiete des Keltischen (von dem Pott Etym.
Forsch. 2, 478 noch annahm, dass es einem andern als dem
indogermanischen Stamm angehöre, sich aber in vorhistori-
scher Zeit mit ihm vermischt habe) einer der grössten Gelehrten aller Zeiten Johann Caspar Zeuss, dessen Gram-
matica celtica (zuerst erschienen 1853) nach des Verfassers
1856 erfolgtem Tode in Hermann Ebel einen würdigen
Bearbeiter gefunden hat (Berlin 1871). Doch darf man, so
hoch auch diese Leistungen anzuschlagen sind, wohl behaupten, dass in der Zeit, die uns hier beschäftigt, das Sanskrit,
die klassischen Sprachen und das Germanische stets so zu
sagen die leitende Stellung eingenommen haben.

Ausser der Erweiterung der Kenntnisse erscheint die Stellung zu den Lautgesetzen charakteristisch. Was ich meine,
wird gut verdeutlicht durch eine Stelle aus Curtius' Bemerkungen über die Tragweite der Lautgesetze (Berichte der phil.-
histor. Classe der Königl. Sächs. Gesellschaft der Wissenschaften 1870), welche so lautet: »Nach den ersten kühnen
Anläufen der Begründer unserer Wissenschaft erkannte sich
seit den vierziger Jahren ein jüngeres Geschlecht an der
Losung: strengste Beobachtung der Lautgesetze. Der Miss-

brauch, welcher selbst von verdienten Forschern mit der Annahme von Schwächungen, Entartungen, Abwerfungen u. s. w.
getrieben worden war, hatte ein wohlbegründetes Misstrauen
hervorgerufen, das zu grösserer Schärfe und Zurückhaltung in
dieser Beziehung führen musste. Die Folgen der in diesem
Sinne strengeren Richtung sind, das darf man wohl sagen,
wohlthätig gewesen. Genauere Beobachtung der Lautübergänge und ihrer Anlässe, sorgfältigere Sonderung der einzelnen Sprachen, Sprachperioden und Sprachvarietäten von einander, bestimmtere Einsicht in die Entstehung vieler Laute
und Lautgruppen wurden erreicht. Wir sehen in dieser Hinsicht bedeutend weiter und klarer als vor zwanzig Jahren,
was sich am deutlichsten daran ermessen lässt, dass manche
früher ausgesprochene luftige Behauptung selbst von denen
als unmöglich erkannt ist, die sie zuerst aufgestellt haben.«

Als besonders wichtig muss endlich das Bestreben, die
einzelnen Sprachen strenger von einander zu sondern, hervorgehoben werden. Bopp machte sich kein Gewissen daraus,
einen im Lateinischen behaupteten Lautwechsel durch einen
Hinweis auf das Armenische zu begründen. Diese Freiheit sollte
von nun an nicht mehr gestattet sein. Jede einzelne Sprache
sollte nach ihren Eigenthümlichkeiten erkannt werden. In
dieser Richtung wirkten mächtig die Arbeiten von Georg
Curtius (von dessen Bemühungen auf dem allgemein-indo-
germanischen Gebiete noch weiter unten die Rede sein wird),
seine Untersuchungen über die Bildung der Tempora und Modi
im Griechischen und Lateinischen, und seine Grundzüge der
griechischen Etymologie. Es war die Absicht dieses Buches den
sicheren Gewinn, welchen die Sprachvergleichung der griechischen Etymologie gebracht habe, zu verzeichnen, und diese
Aufgabe ist — um es mit Ascoli's Worten zu sagen — mit
jener Meisterschaft in positiver schaffender Kritik gelöst worden, die den Verfasser auszeichnet. Nicht so glücklich war
Corssen auf dem italischen Gebiete. Mit Recht tadelte
Benfey (Orient und Occident 1, 230 ff.) die individualisirende
Manier dieses Forschers, dessen Betrachtungsweise dahin führen musste, auch dasjenige im Italischen als individuell anzusehen, was sicher schon der indogermanischen Grundsprache
angehört hat. Doch wird man nicht leugnen können, dass
Corssen namentlich durch die erste Auflage seines Werkes,
in welcher die Vergleichung nicht so stark hervortritt, sich
um bessere Erkenntniss des Italischen erhebliche Verdienste

erworben hat (vgl. darüber das treffende Urtheil von Ascoli Kritische Studien S. IX).

Eine Reihe der Bestrebungen dieser Zeit (nicht alle, denn z. B. die Schule von Benfey ist oft ihre eigenen Wege gegangen) findet eine Art von Zusammenfassung in August Schleicher's Compendium. Ich halte es desswegen für angemessen, nunmehr Schleicher eine etwas eingehendere Betrachtung zu widmen.

Drittes Kapitel.

August Schleicher.

Schon bei der ersten Bekanntschaft mit den Arbeiten August Schleicher's (geb. 1821, gest. 1868) drängt sich die Beobachtung auf, dass auf diesen Gelehrten von zwei Wissensgebieten aus, die ausserhalb der Sprachwissenschaft stehen, ein von ihm selbst anerkannter Einfluss geübt worden ist, nämlich von der Hegel'schen Philosophie, der er in jüngeren Jahren anhing, und der modernen Naturwissenschaft, für die er namentlich in der letzten Zeit seines Lebens eine warme, ja leidenschaftliche Vorliebe gezeigt hat[1]. Versuchen wir, ehe wir Schleicher in das Detail seiner Untersuchungen folgen, die Art und Stärke dieser Einflüsse im Allgemeinen zu bestimmen.

Sofort in der Einleitung zu seinem ersten grösseren Werke, den Sprachvergleichenden Untersuchungen (Bonn 1848) zeigt sich Schleicher als ein Anhänger Hegel's, wie aus einer Übersicht über die dort ausgesprochenen Gedanken hervorgeht. Die Sprache — so wird dort ausgeführt — geht auf in Bedeutung und Beziehung. Die erstere ist enthalten in der Wurzel, die Beziehung in den Bildungssilben.

---

[1] Wenn auch die Neigung dazu schon früh hervortritt, vgl. Formenlehre der kirchensl. Sprache. Vorrede S. VI Anm.

Darum kann es drei und nur drei Classen von Sprachen geben. Entweder wird die Bedeutung allein bezeichnet, das geschieht in den isolirenden Sprachen. Oder der Beziehungslaut wird an den Bedeutungslaut angefügt, das geschieht in den agglutinirenden Sprachen. Oder endlich Bedeutungs- und Beziehungslaut bilden die innigste Einheit — in den flectirenden Sprachen. Ein Viertes ist nicht möglich, weil der Beziehungslaut allein nicht bestehen kann. Den drei hiermit charakterisirten Momenten des Systems nun müssen drei Perioden der Entwicklung entsprechen. Man wird also zu der Annahme getrieben, dass die isolirenden Sprachen die älteste Form repräsentiren, dass aus ihnen die agglutinirenden entstanden, und aus diesen die flectirenden, so dass die letzte Stufe die beiden vorhergehenden aufgehoben in sich enthält. Aber mit dieser theoretischen Construction — so argumentirt Schleicher weiter — steht unsere Erfahrung nicht in Einklang, denn wir finden die Sprachen, welche in den Kreis unserer Erfahrung treten, nicht in der Entwicklung, sondern in der Zersetzung begriffen, es entstehen nicht vor unseren Augen höhere Formen, sondern die bestehenden lösen sich auf. Da nun aber sowohl die philosophische Construction als das Resultat der Beobachtung zu Recht bestehen muss, so ergiebt sich als nothwendige Folgerung, dass die beiden Processe, von denen die Rede ist, in verschiedene Zeiten gelegt werden müssen. In der vorgeschichtlichen Zeit haben sich die Sprachen gebildet, in der geschichtlichen vergehen sie. Sprachbildung und Geschichtsbildung sind Thätigkeiten des menschlichen Geistes, die sich gegenseitig ausschliessen.

So weit in gedrängter Wiedergabe das Raisonnement Schleicher's, das auch in späteren Arbeiten ganz oder theilweise wiederkehrt, und auch von der naturwissenschaftlichen Strömung, die in der letzten Zeit in ihm mächtig wurde, nicht ganz weggeführt worden ist.

Es ist hier nicht der Ort, in eine Kritik dieser Ansichten einzutreten, deren Schwäche ohnehin heute Niemandem entgeht, wohl aber ist es von Interesse die Frage zu beantworten, inwieweit Schleicher sich von Hegel abhängig zeigt. In materialibus ist offenbar die Abhängigkeit gering. Die Eintheilung zunächst der Sprachen in die genannten drei Gruppen stammt nicht aus Hegel, sondern aus der Erfahrung. Schleicher hatte sie sich an der Hand von Friedrich Schlegel und Wilhelm v. Humboldt erarbeitet (vgl.

Beiträge von **Kuhn** und **Schleicher** 1, 3, Anm.). Die Meinung ferner, dass die Flexion aus Zusammensetzung entstanden sei, war eine Consequenz der Bopp'schen Formanalyse
welcher **Schleicher** sich im Grossen und Ganzen anschloss,
und sodann die Theorie, dass wir die Sprachen (wenigstens
die indogermanischen) nur im Zustande des Verfalles beobachten können, stammt ebenfalls von **Bopp**. So kann man
denn den sachlichen Einfluss **Hegel's** nur etwa in dem Auf-
nehmen jener Meinung finden, dass in der Entwicklung der
Menschheit eine vorgeschichtliche Periode, in welcher der
Geist noch träumerisch gebunden war, und eine geschichtliche, in welcher er zur Freiheit erwacht, zu unterscheiden sei.
Die Zerfällung der Entwicklung des Menschengeschlechts in
eine vorgeschichtliche und eine geschichtliche Periode (wobei
der vorgeschichtlichen Periode die Ausbildung der Sprache
zufällt) hat **Schleicher** stets beibehalten, und es ist nicht
unwahrscheinlich, dass diese Anschauungsweise ihm durch
Hegel zugeführt worden sei.

Während somit das Gedankenmaterial, das man als
Hegelisch in Anspruch nehmen könnte, bei **Schleicher**
nicht gross ist, ist in der genannten Jugendarbeit in der
Formung der Gedanken und dem Aufbau der Beweisführung
der **Hegel'sche** Ductus unverkennbar. Dieser Ductus verlor
sich bei **Schleicher** mit zunehmender Reife, indess kann
man ihn auch in späteren Arbeiten noch durchfühlen, und
namentlich an der Terminologie noch hier und da nachweisen.

Als Summe ergiebt sich, dass der Einfluss der **Hegel**-
schen Philosophie auf **Schleicher** nur ein mässiger und
ziemlich äusserlicher gewesen ist.

Zu den **Naturwissenschaften** verhielt sich **Schleicher** anders als die meisten Philologen, insofern als er wirklich viel davon verstand. Namentlich war er in der Botanik
bewandert. Wie Naturforscher, die ihn gekannt haben, erzählen, war er wegen seiner trefflichen Präparate für das
Mikroskop ebenso berühmt, wie durch gewisse Erzeugnisse
seiner gärtnerischen Kunst. Diese Studien und Liebhabereien
gewannen mit den Jahren einen immer grösseren Einfluss auf
seine sprachwissenschaftlichen Anschauungen. Wenn er, in
seinem geliebten Garten auf und ab wandelnd, Formen der
Sprache analysirte, so mochte ihm oft der Gedanke kommen, dass wer Formen und wer Pflanzen zerlegt im Grunde
dasselbe Geschäft treibe, und wenn er die Gesetzmässigkeit

der sprachlichen Entwicklung erwog, welche klar zu legen
sein ernstestes Bestreben war, so erschien ihm die Vorstellung sehr natürlich, dass die Sprache nichts Anderes sei
als ein Naturwesen. Diese Eindrücke und Gedanken gestalteten sich in seinem systematisirenden Geiste zu einer
ernsthaften Lehre, deren Hauptsätze die folgenden sind: Die
Sprache ist ein Naturorganismus, sie lebt wie die anderen
Organismen, wenn sie auch nicht wie der Mensch handelt.
Die Wissenschaft von diesem Organismus gehört zu den
Naturwissenschaften, und die Methode, mittels deren sie be-
trieben werden muss, ist die naturwissenschaftliche. Schleicher legte auf diese Sätze hohen Werth, und ich möchte behaupten, dass, wenn man ihn in seinen letzten Jahren gefragt
hätte, worin nach seiner eigenen Meinung sein wissenschaft-
liches Verdienst bestehe, er geantwortet haben würde, es bestehe in der Anwendung der naturwissenschaftlichen Methode
auf die Sprachwissenschaft. Das Urtheil des grössten Theiles
der Mitwelt war ein anderes, und jetzt ist man wohl ziemlich
einig darüber, dass jene drei Schleicher'schen Sätze nicht
gebilligt werden können. Den Ausdruck Organismus hatte
schon Bopp auf die Sprache angewandt, er hatte aber damit
nichts anderes sagen wollen, als dass die Sprache kein willkürliches Gemächte sei. Ein solches Bild mag man gelten
lassen, wenn man aber mit dem Bilde Ernst machen will, tritt
der Widerspruch hervor. Die Sprache ist nun doch einmal
kein Wesen, sondern Äusserung von Wesen, sie ist also, wenn
in der Sprache der Naturwissenschaften geredet werden soll,
nicht ein Organismus, sondern eine Function. Auch die Ein-
reihung der Sprachwissenschaft unter die Naturwissenschaften
wird sich schwerlich durchsetzen lassen. Da die Sprache etwas
ist, was in der menschlichen Gesellschaft erscheint, so gehört
die Wissenschaft der Sprache nicht zu den Naturwissenschaften, wenigstens wenn man dieses Wort in dem hergebrachten
technischen Sinne auch weiter anwenden will. Und was endlich die Methode betrifft, so steht wie mir scheint fest, dass es
eine für alle Naturwissenschaften geltende gleiche Methode
nicht giebt. Für einen Theil der Naturwissenschaften ist die
Anwendung der Mathematik, für einen andern das Experiment,
für einen dritten endlich, wohin z. B. die Biologie gehört, das
sogenannte genetische Verfahren bezeichnend. Und mit
diesem hat die sprachwissenschaftliche Methode allerdings
Ähnlichkeit, insofern die Objecte beider Wissenschaften

solche sind, deren geschichtliches Werden man zu begreifen
sucht.

Indessen es ist nicht meine Absicht, mich auf eine eingehendere Kritik dieser Ansichten einzulassen. Denn für
meinen augenblicklichen Zweck liegt nicht die Aufgabe vor,
zu zeigen ob Schleicher's Ansichten richtig oder falsch
sind, sondern wie sie in ihm entstanden sind und gewirkt
haben. Auch lässt sich das Sachverhältniss wohl schon aus
dem bisher Beigebrachten richtig erkennen. Man kann, wie
ich glaube, darüber nich zweifelhaft sein, dass die Naturwissenschaft zwar auf Schleicher einen nachhaltigeren Einfluss
ausgeübt hat, als die Hegel'sche Philosophie, dass sie aber
weit davon entfernt gewesen ist, seinem Forschen Richtung und
Methode anzuweisen. Die Wirkung der Darwin'schen Anschauungen auf die Sprache lässt sich nicht an Schleicher
beobachten, sie wird uns vielmehr in der Adaptationstheorie
seines Gegners Alfred Ludwig entgegentreten. Die Richtigkeit dieser Behauptung wird sich noch deutlicher bei einer
raisonirenden Übersicht über Schleicher's sprachwissenschaftliche Arbeiten, zu der ich mich nunmehr wende, herausstellen.

Den ersten Arbeiten Schleicher's merkt man die philosophische Atmosphäre, aus der sie hervorgegangen sind, noch
deutlich an, insofern sie nicht sowohl eingehende Detailunter-
suchungen als vielmehr eine systematische Übersicht über ein
weites Gebiet bezwecken. Denn seine »Sprachvergleichenden
Untersuchungen« verfolgen in ihrem ersten Theile gewisse
Einwirkungen des j (den sogenannten Zetacismus) durch
möglichst viele Sprachen und geben im zweiten Theil (den
»Sprachen Europa's«) den Abriss eines Systems der Linguistik.
Ganz ähnlichen Charakter trägt auch eine weit spätere Arbeit,
»Die Unterscheidung von Nomen und Verbum in der lautlichen
Form« (Sächs. Ges. d. Wiss. Leipzig 1865). Indess begann
Schleicher schon früh sich neben diesen allgemeinen
Studien ein Specialgebiet zu eigen zu machen, die slavischen
Sprachen, und auf diesem Gebiet hat er sich Verdienste er-
worben, die kein Wandel der Zeiten und Ansichten ihm wird
streitig machen können. Schleicher steht neben Miklo-
sich etwa so wie auf dem germanischen Gebiete Bopp neben
Grimm. Er hat mehr als irgend jemand sonst dazu beigetragen, die slavischen Sprachen durch das Licht der Vergleichung zu erhellen. Ganz neuen Stoff hat er der Wissenschaft

durch seine litauischen Studien zugänglich gemacht, indem er die litauischen Formen an Ort und Stelle wie ein Botaniker sammelte und in dem Herbarium seiner Grammatik für alle Zeiten aufbewahrte. Durch die Pflichten des akademischen Berufs (in Bonn, Prag, Jena) ward er veranlasst auch den übrigen indogermanischen Sprachen seine stetige Aufmerksamkeit zu widmen, und war somit in der denkbar vielseitigsten Weise auf das Hauptwerk seines Lebens vorbereitet, das Compendium der vergleichenden Grammatik der indogermanischen Sprachen (Weimar 1861), welches, da ein früher Tod ihn von weiteren grossen Plänen abrief, uns zugleich als die Krönung seiner ganzen Wirksamkeit gelten muss.

Scheicher's Compendium steht als der Abschluss einer Periode in der Geschichte der Sprachwissenschaft den einleitenden Arbeiten Bopp's gegenüber. Darum ist denn auch der Totaleindruck, den die Vergleichende Grammatik einerseits und das Compendium andererseits hervorbringen, so ausserordentlich verschieden. Bopp musste die wesentliche Gleichheit der indogermanischen Sprachen beweisen, Schleicher setzte sie als bewiesen voraus, Bopp erobert, Schleicher organisirt. Bopp wendete seine Aufmerksamkeit vorzüglich auf dasjenige, was allen indogermanischen Sprachen gemeinsam ist, für Schleicher ergab sich die Aufgabe, die einzelnen indogermanischen Sprachen auf dem gemeinsamen Hintergrunde hervortreten zu lassen. Desshalb ist die vergleichende Grammatik eine zusammenhängende Schilderung, während das Compendium ohne grosse Mühe in eine Anzahl von Einzelgrammatiken auseinandergenommen werden könnte. Der Verfasser der Grammatik giebt der Darstellung des Einzelnen überwiegend die Form der Untersuchung, die er mit grosser natürlicher Anmuth handhabt, das Compendium dagegen bewegt sich fast nur in dem knappen und gleichförmigen Stil der Behauptung. Das ältere Werk lässt sich mit der Darstellung eines interessanten Processes vergleichen, das jüngere mit den Paragraphen einer Gesetzsammlung.

Weniger stark tritt die Verschiedenheit hervor, wenn man die in den beiden Büchern niedergelegten Ansichten mit einander vergleicht. Was zunächst die Bopp'sche Theorie über die Entstehung der Flexion betrifft, so hat Schleicher dieselbe im Wesentlichen angenommen, wenn auch anders formulirt. Wie dieser betrachtet er Wurzeln, deren unverbrüchliches Gesetz die Einsilbigkeit ist, als die constituirenden

Elemente des Indogermanischen. Wie dieser unterscheidet er zwei Classen der Wurzeln (hält es aber, abweichend von Bopp, für wahrscheinlich, dass die sogenannten pronominalen Wurzeln aus den andern hervorgegangen seien). Wie dieser sieht er in den Stamm- und Wortbildungssuffixen angefügte Pronomina. Nur im Einzelnen weicht er ab. So hat er in der Erklärung der Medialendungen, bei der Bopp schwankte, sich mit Entschiedenheit für die Theorie der Zusammensetzung ausgesprochen, die er bis ins Einzelnste ausführte. In der Auffassung der Pluralendungen des Activs hat er sich Pott angeschlossen, das Element des Optativs findet er nicht in der Wurzel $\bar{\imath}$ oder i, sondern in der Pronominalwurzel *ja* (ohne sich freilich darüber auszusprechen, wie sich wohl unter dieser Annahme die Bedeutung des Optativs erkläre), in dem Conjunctiv, den Bopp noch nicht mit Sicherheit als besonderen Modus aufgefasst hatte, sah er die Pronominalwurzel *a*.

Eine sehr erhebliche Verschiedenheit freilich scheint in der Bestimmung des Begriffes der Flexion obzuwalten, die Schleicher Comp. §. 2 so definirt: »Im Vocalismus beruht das Wesen der Flexion.« Diese zunächst sehr auffällig klingenden Worte sind folgendermassen zu verstehen: Schleicher erkennt zwei Classen von Sprachen an, in denen die Formen durch Zusammensetzung entstehen, die agglutinirenden und die flectirenden. Das Eigenthümliche der letzteren findet er darin, dass sie den Wurzelvocal zum Zwecke des Beziehungsausdrucks verändern können, so sei z. B. εἰμι aus ι und μι zusammengesetzt und ι zum Zweck des Beziehungsausdrucks in ει verändert. Die flectirenden Sprachen haben also das Princip der Zusammensetzung und ausserdem die Fähigkeit, den Wurzelvocal in der angegebenen Weise zu verändern. In die Definition aber hat Schleicher nur diese letztere unterscheidende Eigenschaft aufgenommen. Man sieht leicht, dass in dieser Fassung der Definition sich ein Rest der Schlegel'schen Auffassung der Flexion verbirgt, der Schleicher in früherer Zeit näher stand, aber der Rest ist seiner Bedeutung nach so geringfügig, dass man trotzdem Schleicher mit Recht als Anhänger der Bopp'schen Agglutinationstheorie bezeichnen kann.

Auch darin stimmt Schleicher Bopp bei, dass er die Fähigkeit, durch Agglutination neue Bildungen zu schaffen, nicht auf die Urzeit beschränkte, sondern Zusammensetzungen

nach dem Princip der Ursprache auch in den Einzelsprachen
(z. B. bei dem lateinischen Perfectum) gelten liess.

Am grössten scheint die Verschiedenheit in der Lautlehre,
aber auch bei dieser nicht in den Principien. Principiell steht
Schleicher auf demselben Boden wie Bopp, insofern er
wie dieser in den Lautveränderungen der Sprachen nicht Entwicklung sondern Verfall sieht, und wie dieser gelegentliche,
wenn auch viel seltenere Ausnahmen von den geltenden Lautgesetzen zugesteht.

Aber der graduelle Unterschied zwischen den beiden Laut-
lehren ist ein sehr erheblicher. Wie stattlich erscheint die
Schleicher'sche Lautlehre, welche die Hälfte des ganzen
Compendiums umfasst, gegenüber dem ziemlich dürftigen und
ungleichmässig gearbeiteten Kapitel bei Bopp, welches den
Titel Schrift- und Lautsystem trägt! War es doch die Aufgabe
Schleicher's, die ganze Fülle von Detailuntersuchungen,
welche nach Bopp von Pott, Benfey, Kuhn, Curtius,
ihm selbst u. a. unternommen worden waren, kritisch zu sich-
ten und zu verwerthen. In der Behandlung zeigen sich die schon
oben scizzirten Fortschritte. Den Verschiedenheiten der einzelnen Sprachen ist Rechnung getragen, alle verwandten Fälle sind
sorgfältig zusammengestellt, und an dem Gewonnenen wird
die Wahrscheinlichkeit des einzelnen Falles ermessen. So hat
Schleicher eine grosse Reihe von sorgfältig erwogenen und
gut begründeten Lautgesetzen aufgestellt, die jedem Etymologen als Richtschnur zu dienen bestimmt waren, und un-
streitig hat er sich durch dieses Geschäft des Sichtens und
Ordnens ein sehr grosses Verdienst erworben.

Natürlich haben alle solche Gesetze nur einen provisori-
schen Werth. Denn da einleuchtende Etymologieen das Material sind, aus dem die Lautgesetze gezogen werden, und dieses
Material sich immer vermehren und verändern kann, so können
auch immer noch neue Lautgesetze erkannt oder alte umgestaltet werden. Schleicher selber freilich hat diesen Gedanken, dessen Richtigkeit uns die Erfahrung hinreichend bestätigt hat — denn wie viel Neues ist nicht allein von Fick
gefunden worden! — nicht hinreichend gewürdigt. Es hing
das, wie es scheint, damit zusammen, dass er selbst in seinem
systematisirenden Geiste jene combinatorische Phantasie nicht
spürte, welche zur Entdeckung neuer Etymologieen nothwendig ist, und desshalb den Werth des Etymologisirens überhaupt zu gering veranschlagte.

Somit ergiebt sich, dass in allen den bis jetzt besprochenen
wichtigen Punkten der Unterschied zwischen Bopp und
Schleicher nicht als ein principieller bezeichnet werden kann. Es bleibt aber noch ein Punkt zurück, der
jedenfalls Schleicher's Originalität am meisten zur Anschauung bringt, ich meine die construirte indogermanische Ursprache, über die nunmehr zu handeln ist. Die
früheste Äusserung über diese Ursprache finde ich in der Vorrede zu der Formenlehre der kirchenslavischen Sprache, wo
es so heisst: »Bei dem vergleichen von sprachformen zweier
verwanten sprachen suche ich vor allem die verglichenen formen beide auf ire mutmaszliche grundform, d. i. die gestalt,
die sie abgesehen von den späteren lautgesetzen haben müssen,
zurückzufüren oder doch überhaupt auf eine gleiche stufe
der lautverhältnisse zu bringen. da uns auch die ältesten sprachen unseres stammes, selbst das sanskrit, nicht in ihrer ältesten lautlichen gestaltung vorliegen, da ferner die verschiedenen sprachen in ser verschiedenen altersstufen bekant sind,
so muss diese altersverschiedenheit nach tunlichkeit erst aufgehoben werden ehe verglichen werden kann, die gegebenen
grössen müssen erst auf einen gemeinsamen auszdruck gebracht werden, ehe sie zu einer gleichung angesetzt werden
können, sei dieser gleiche auszdruck der zu erschlieszende
älteste beider zusammengestellten sprachen oder die lautform
der einen derselben.« Hiernach kann also beim Vergleichen
zweier Sprachen entweder die Form einer Sprache auf die andere reducirt werden (z. B. slav. *pekąšta* auf ein skr. *pakan-
tjasja* s. a. a. O.) oder es können beide Formen auf eine gemeinsame Urform gebracht werden. Die erstere Methode ist in der
Praxis bei Schleicher so viel ich sehe wenig zur Anwendung gekommen, dagegen die zweite enthält die Vorschrift für
die Bildung indogermanischer Grundformen, wenn man statt
Vergleichung zweier Sprachen die Worte Vergleichung aller
indogermanischen Sprachen einsetzt. Man ziehe bei einer in
allen Sprachen vorkommenden Form dasjenige ab, was der
Specialentwicklung der Einzelsprachen angehört, und was
dann übrig bleibt, ist die Urform. Ein Beispiel wird die An-
weisung veranschaulichen. Im Sanskrit heisst das Feld *ágras*,
im Griech. ἀγρός, im Lat. *ager*, im Gothischen *akrs*. Nun
weiss man dass im Got. *k* aus *g* hervorgegangen und vor dem
s ein *a* verloren worden ist, so ergiebt sich aus dem Gothischen
die Urform *agras*, ferner weiss man, dass das griechische o aus

a herzuleiten ist und kommt also ebenfalls auf *agras*, und so bei jeder Einzelsprache. Somit darf *agras* als Urform betrachtet werden, ein gleiches Verfahren lässt den Acc. *agram*, den Gen. *agrasja*, den Abl. *agrāt*, den Nom. Pl. *agrāsas* u. s. f. erschliessen, ferner eine grosse Anzahl von Pronominibus, Präpositionen u. s. w. Alle diese Formen zusammen bilden die indogermanische Ursprache, oder wenn man diesen Satz in historischer Fassung ausdrücken will: die Ursprache ist die Sprache, welche unmittelbar vor der ersten Trennung des indogermanischen Urvolks gesprochen wurde.

Freilich hat Schleicher sich mit diesem einfachen und deutlichen Begriff der Ursprache nicht immer begnügt, denn er schreibt ihr häufig eine Eigenschaft zu, welche aus der bisher gegebenen Begriffsbestimmung nicht abgeleitet werden kann, die Eigenschaft völliger Ursprünglichkeit und Unversehrtheit. Ein Beispiel wird am besten deutlich machen, was gemeint ist. Der Nominativ des Wortes für Mutter lautet im Sanskrit *mātā*, im Griech. μήτηρ, im Litauischen *mote'*, im Altslavischen *mati*, im Althochdeutschen *muoter*. Nirgends erscheint im Nom. ein *s*. Man kann also durch Vergleichung der Einzelformen nur auf die Form *mātār* oder *mātā* kommen (das Letztere wenn man annimmt, dass das *r* z. B. in μήτηρ aus den obliquen Casus in den Einzelsprachen wiederum in den Nominativ eingeführt wäre), aber nicht auf *mātars*, wie Schleicher thut. Er nahm aber diese Form an, weil *mātar* der Stamm ist und *s* das Suffix des Nominativs, und er sich überzeugt hielt, dass in der Ursprache sogenannte »Lautgesetze«, Einwirkungen von Lauten auf einander u. ähnl. noch nicht stattgefunden hätten. Diese Annahme ist aber ganz willkürlich, denn wenn die Ursprache eine von Menschen gesprochene Sprache gewesen ist, so hat sie auch das Schicksal aller Sprachen, nämlich Veränderung ihres Laut- und Formenbestandes, getheilt.

Es hindert also nichts, der Ursprache Formen wie *mātār* oder *mātā* zuzuschreiben. In einer noch älteren Periode freilich mag die Form *mātars* gelautet haben, wie Schleicher annimmt, aber man muss dann die verschiedenen Perioden der Ursprache so scheiden, dass nicht ältere und jüngere Formen, wie es bei Schleicher den Anschein hat, auf eine Ebene gestellt werden. Diese mangelnde Scheidung hat — es ist nicht zu leugnen — in den Schleicher'schen Begriff der Ursprache einige Undeutlichkeit gebracht. Ich glaube in der

folgenden Darstellung von dieser Schwierigkeit absehen zu
dürfen, und fasse also die »Ursprache« immer nur in dem vorher angegebenen Sinne, d. i. in dem Sinne, der den ursprünglichen Intentionen Schleicher's entspricht.

Ist nun den Formen der Ursprache in diesem Sinne nach
Schleicher's Meinung historische Wirklichkeit zuzuschreiben? Ich glaube, nach der Lectüre des Compendiums
wird man geneigt sein, diese Frage zu bejahen, und wird einigermassen erstaunt sein, in den Nachträgen (Chrestomathie
342) auf die Bemerkung zu stossen:»Dass dise grundformen
wirklich einmal vorhanden gewesen sind, wird durch die aufstellung derselben nicht behauptet.« Diesen anscheinenden
Widerspruch zu erklären, wähle ich die Form der selbstän-
digen Erörterung, welche ich am besten so führen zu können
glaube, dass ich die Einwände, welche gegen die Schleicher'sche Ursprache in dem bisher beschriebenen Sinne vor-
gebracht werden können, formuliere und auf ihren wahren
Werth zurückzuführen suche.

Das erste Bedenken liegt offenbar in der Forderung, dass
bei einer bestimmten Form alle Einzelsprachen gehört werden
sollen. Diese Forderung lässt sich nämlich nur in den selten-
sten Fällen erfüllen, denn wie wenig zahlreich sind doch die
Wörter und Formen, die wir durch alle Sprachen verfolgen
können! Aber in der Praxis wiegt der hierin liegende Einwand doch nicht sehr schwer. Denn einmal ist zu erwägen,
dass wir eine ziemliche Zahl von Flexionssuffixen wirklich in
allen Sprachen, wenn auch nur spurweise, nachweisen können,
und bei einer Anzahl von Wortstämmen können wir, da uns
die Lautgesetze, die in Frage kommen würden, bekannt sind,
sagen, wie sie in einer bestimmten Einzelsprache lauten
müssten. Ernsthafter ist ein zweiter Einwand. Ist es denn
wirklich möglich, zu bestimmen, wo die Entwicklung jeder
Einzelsprache beginnt? Kann man mit Sicherheit festsetzen,
ob eine bestimmte Lautmodification oder Formgestalt schon
der Ursprache angehört oder erst der Einzelsprache? Schleicher hatte nach dieser Richtung feste Ansichten. Er hielt es
z. B. für möglich anzugeben, dass die Ursprache folgende
Laute gehabt habe:

Consonanten:						Vocale:		
k	g	gh	j	s	v	a	i	u
t	d	dh	n	m	r	aa	ai	au
p	b	bh				āa	āi	āu

Wie war er zu dieser Überzeugung gekommen? Auf einzelnen Gebieten war ihm durch seine Vorgänger vorgearbeitet,
so auf dem Gebiete der *a*-Vocale. Die indisch-iranische
Gruppe des Indogermanischen hat bekanntlich kein ĕ und ŏ,
sondern stellt dem ĕ und ŏ der übrigen Sprachen *ă* gegenüber.
Bopp war nun anfangs der Ansicht, das ĕ und ŏ seien ursprünglich im Sanskrit auch vorhanden gewesen und dann
verloren gegangen, trat dann aber der Ansicht Grimm's bei
(Grammatik I² 594), der mit Rücksicht auf das Gotische dem ĕ
und ŏ die Ursprünglichkeit absprach, so dass sich für das Indogermanische drei einfache Urvocale *a i u* ergaben. Diese Annahme empfahl sich zugleich durch die Hochachtung, der sich
die Zahl drei zu erfreuen pflegt, wie denn Pott dem Abschnitt
über Vocale in seinen Et. Forsch. mit der Äusserung beginnt
»aus historischen und physisch-philosophischen Gründen
scheine mit grosser Wahrscheinlichkeit hervorzugehen, dass
die Sprache nur drei einfache vocalische Grundlaute, nämlich
ă ĭ ŭ besitze.« So schien diese Grimm'sche Hypothese sich
von allen Seiten zu bestätigen und wurde auch von Schleicher acceptiert. Er nahm also an, dass die Ursprache in der
Einfachheit des Vocalismus sich auf die Seite des Sanskrit
stelle, während das buntere Griechisch einen schon mehr entwickelten oder entarteten Zustand zeige. Für die Consonanten
aber wurde man auf das entgegengesetzte Verhältniss geführt.
Die Cerebralreihe des Sanskrit hatte man schon früh bearg-
wöhnt, indem man annahm, die Inder hätten diese sonder-
baren Laute von barbarischen Ureinwohnern aufgenommen,
und auch die Palatalen erwiesen sich vielfältig als jung gegenüber den Gutturalen, z. B. in der Reduplication (*ḱaḱāra* von
kar). Somit zeigte sich in diesem Punkte das Griechische
als ursprünglich und das Sanskrit als entartet, und es ergab
sich als Hauptresultat, dass das bunte und reiche Lautmaterial,
welches die Einzelsprachen entweder noch zeigen oder doch
einmal gezeigt haben müssen, aus einem mässigen und einfachen Lautmaterial der Ursprache durch Spaltung und Ver-
mannichfaltigung verschiedener Art hervorgegangen sei. Nach
der Analogie dieses Resultates schloss Schleicher dann
weiter, dass der Lautstand in einer noch älteren Zeit noch
einfacher gewesen sei: »in einer älteren lebensperiode der
indogermanischen ursprache felten wol die drei aspiraten und
die vocalischen doppellaute mit *a* (also *āa, āi, āu*); dem ur-
sprünglichsten, noch nicht flectierenden sprachstande giengen

die sämmtlichen vocalischen doppellaute ab. Ursprünglich
besasz also das indogermanische warscheinlich sechs momen-
tane laute, nämlich drei stumme und drei tönende; sechs
consonantische dauerlaute, nämlich drei spiranten und drei so
genante liquiden, d. h. die beiden nasale n m und r (l ist eine
secundäre abart des r) und sechs vocale. Im späteren stande
der sprache, kurz vor der ersten trennung, gab es neun mo-
mentane laute und neun vocalische laute. Man übersehe nicht
die symmetrie der zahlenverhältnisse in der anzal der laute.«
(Comp. §. 1, Anm. 1). Diese Entwicklung bietet der Kritik
ein breites Angriffsfeld. Zunächst sind die allgemeinen Erwägungen als nicht zwingend abzuweisen. Denn der Betrachtung, dass in urältesten Zeiten der Lautstand ein sehr einfacher gewesen sein müsse, kann man die entgegengesetzte
mit gleichem Rechte entgegenstellen. Sehen wir doch, dass
die Einzelsprachen vielfach an Lautgehalt einbüssen. Warum
sollte man nicht annehmen können, dass die Grundsprache
reicher gewesen sei, als irgend eine ihrer Töchter? Und die von
Scleicher hervorgehobene Symmetrie der Zahlenverhältnisse würde nur dann einen Werth haben, wenn gezeigt werden
könnte, dass sie aus der Natur der menschlichen Sprachwerk-
zeuge herzuleiten sei, was nicht der Fall ist. Es können also
nur die speciellen Gründe in jedem einzelnen Falle entscheiden. Und diese scheinen gegen die Richtung der Schleicher'-
schen Annahmen zu sprechen. Ja es scheint jetzt vielmehr, als
müsse man umgekehrt behaupten, dass die Grundsprache in
der Buntheit des Vocalismus dem Griechischen und in der
Mannichfaltigkeit des Consonantismus dem Sanskrit am ähn-
lichsten gewesen. Mit Sicherheit (wie ich meine) kann man
z. B. behaupten, dass in der Ursprache zwei k-Reihen exi-
stirten, von denen die eine der Palatisirung ausgesetzt war,
ferner dass in der Ursprache ein e (oder $\dot{a}$ wenn man lieber so
schreiben will) vorhanden war. Was von dem e gilt, ist wahrscheinlich auch für o anzunehmen, so dass also nach diesen
Ansichten die von Schleicher construierten Wörter der Ursprache ein erheblich verändertes Ansehen erhalten würden.
Schleicher hat sich einmal den Scherz gestattet, eine Fabel
in indogermanischer Ursprache zu erzählen, der er die Überschrift gab: *avis akvāsas ka* (das Schaf und die Pferde).
Diese Überschrift würde nach den neueren Anschauungen
lauten: *ovis ek$_1$vōs k$_2$e* (wobei unter k$_2$ in diesem Falle die
Palatalis der Ursprache zu verstehen ist). »Er sah« würde

nicht mehr als *dadarka*, sondern als *dedork₁e* anzusetzen sein, der Acc. eines Participiums »fahrend« nicht als *vaghantam* sondern als *veg₁hontm̥* (wobei *m̥* silbenbildend ist) u. s. w.

Nach einem Jahrzehnt wird die Umschreibung vielleicht wieder eine andere Färbung angenommen haben, und es ergiebt sich somit die Folgerung, dass die Ursprache nichts ist als eine Formel, welche dazu dient, die wechselnden Ansichten der Gelehrten über den Umfang und die Beschaffenheit des sprachlichen Materials, welches die Einzelsprachen aus der Gesammtsprache mitgebracht haben, wiederzugeben. Mit dieser Definition der Ursprache ist zugleich die Frage nach dem historischen Werthe der construierten Formen entschieden. Dass die Ursprache eine grosse Anzahl von Wörtern, die grammatischer Beugungen fähig waren, und eine Reihe von unflectierten Wörtern besass, ist ohne Zweifel und kann nicht bestritten werden. Ob sie aber gerade so aussahen, wie die jeweilige Forschung behauptet, deren Stand sich in diesen Construktionen spiegelt, lässt sich natürlich nicht bestimmen.

Auch der Nutzen und die Bedeutung dieser Formen lässt sich nunmehr abgrenzen. Sie bringen unserer Erkenntniss kein neues Material zu, sondern sie dienen dazu das Erkannte zu veranschaulichen. Sie haben also für die Sprachforschung denselben Werth, wie etwa Curven oder ähnliche Veranschaulichungsmittel für die Statistik, sie sind mithin ein sehr nützliches und nicht zu unterschätzendes Mittel der Darstellung. Zugleich bedenke man, dass der Zwang, Grundformen aufzustellen als Impelle für den Forscher wirken muss, sich stets die Frage vorzulegen, ob die Form, um die es sich gerade handelt, als Urbildung oder Neubildung zu betrachten sei, und sich überhaupt nicht vor der völligen Bewältigung aller lautlichen und sonstigen Schwierigkeiten zu beruhigen.

Durch diese Erörterungen sind nun die Mittel dargeboten, um Schleicher's Art und Bedeutung zusammenfassend zu würdigen. Schleicher war nicht wie Bopp ein Mann der genialen Entdeckungen, sondern vor Allem ein ordnender, systematisierender Geist. Daher zeigen sich bei ihm die Schwächen und Tugenden, welche den Systematikern anzu-

haften pflegen. Von den Schwächen ist oben hinreichend die
Rede gewesen. Die Stärke beruht in diesem Falle zunächst
darin, dass die vorhandenen Bausteine richtig geordnet und
die Lücken in der Ausführung des Planes enthüllt wurden.
Dadurch wurde z. B. dem Sanskrit, welchem vor S c h l e i c h e r
eine allzu beherrschende Stellung nur allzu leicht zugestanden wurde, der richtige Platz angewiesen, und die Zeitgenossen wurden zur Bearbeitung und Einordnung der bisher
noch weniger behandelten Sprachen angefeuert. Sodann aber
— und das ist wohl S c h l e i c h e r's hauptsächlichste Leistung
— befähigte ihn seine Geistesanlage in hervorragendem
Masse zur Gewinnung von Lautgesetzen. Die schneidige
Schärfe, welche er bei dieser Thätigkeit bewies, die ehrliche
Entschlossenheit, mit der er sich und andere kritisirte,
haben erziehend auf die nach ihm kommenden Sprachforscher
gewirkt, und somit hat dieser Theil seiner Arbeit auch da
Segen gestiftet, wo wir ihm heute nicht mehr zu folgen ver-
mögen.

Erwägt man endlich noch, dass er der Forschung auch
ganz neues Material zugeführt hat, so wird man das Urtheil
gerechtfertigt finden, dass S c h l e i c h e r zwar nicht den
grossen Meistern wie B o p p und G r i m m an die Seite gestellt
werden könne, dass aber von seinen Altersgenossen ihn niemand übertroffen habe.

Viertes Kapitel.

Neue Bestrebungen.

Das Compendium kann nicht als eine Zusammenfassung
der gesammten sprachwissenschaftlichen Arbeit der Zeit angesehen werden. Denn — um nur das Hauptsächlichste zu erwähnen — in anderen Bahnen als S c h l e i c h e r setzte P o t t

seine besondere, zeitweise etwas vereinsamte, Thätigkeit fort, und ebenso bildeten B e n f e y und seine Schule eine Gruppe für sich. P o t t konnte sich mit den S c h l e i c h e r'schen Constructionen nicht befreunden, und B e n f e y hielt dafür, dass S c h l e i c h e r durch seine »Lautgesetze« die Bewegung der Laute in unrichtiger Weise einschnüre. S c h l e i c h e r selbst betrachtete als seine nächsten wissenschaftlichen Genossen C u r t i u s und C o r s s e n. Die Bedeutung von C o r s s e n hat man damals (wie oben bemerkt wurde S. 39) wohl überschätzt, dagegen darf man mit Recht S c h l e i c h e r und C u r t i u s als Haupt-Repräsentanten einer Richtung ansehen, die nicht nur auf den Betrieb der einzelnen Sprachen, sondern auch auf die Ansichten über Ziel und Methode der Sprachforschung überhaupt einen mächtigen Einfluss ausgeübt hat und ausübt. Denn auch C u r t i u s beschränkte sich ja nicht auf die Bearbeitung des Griechischen, sondern lieferte eine Fortsetzung, Ergänzung und Umarbeitung des ursprachlichen Theiles des Compendiums in seiner Abhandlung zur Chronologie der indogermanischen Sprachforschung, in welcher er den Versuch machte (auf den sich S c h l e i c h e r noch nicht eingelassen hatte) die historische Entwicklung der indogermanischen Grundsprache zu verfolgen.

Nachdem nun diese hiermit beschriebene Richtung eine Reihe von Jahren im Vordergrunde des Interesses gestanden hatte, begannen allmählich die Einwände, welche von anderer Seite gegen dieselbe erhoben wurden, sich stärker als bisher hervorzudrängen, an einzelnen Punkten zeigten sich neue Bedenken, die Aufmerksamkeit fing an sich von gewissen Abschnitten, die bisher vorzüglich das Auge auf sich gezogen hatten, gleichsam ermüdet zurückzuziehen, andere Partien, die im Schatten gelegen hatten, traten deutlicher hervor — mit einem Worte, eine neue Richtung begann sich geltend zu machen, welche die bisherigen Bestrebungen theils fortsetzt, theils zu bekämpfen, zu läutern und zu erweitern sucht. Die Anstösse zu dieser neuen Bewegung kamen nicht von einem, sondern von mehreren Punkten neben und nach einander, so dass es leicht den Anschein gewinnt, als sei es richtiger, nicht von einer sondern von mehreren unter sich wieder aus einander gehenden Richtungen zu reden. Ich glaube aber doch, dass an diesen neuen Bestrebungen das, was sie verbindet, das Wesentliche und Wichtige ist, und über dieses will ich versuchen den Leser mit einigen Worten zu orientieren.

Es war, wie ich gezeigt habe, die ursprüngliche und überwiegende Absicht der Bopp'schen Arbeiten, die Entstehung
der grammatischen Formen zu erklären. Zuerst suchte Bopp
diese Erklärung in jeder Einzelsprache, indem er z. B. sagte,
der Aorist bildet sich im Sanskrit durch Zusammensetzung
mit *as*, im Griechischen ebenso durch Zusammensetzung mit
ἐς u. ähnl. mehr. Je deutlicher man nun aber erkannte, dass
die Erklärung der Formen nicht in den Einzelsprachen, sondern in der allen zu Grunde liegenden Gesammtsprache
zu suchen sei, um so mehr trat diese in den Vordergrund, und
es ist desshalb völlig consequent, dass die Grundsprache gerade bei Schleicher und Curtius, welche wie Bopp auf
Erklärung der grammatischen Formen ausgehen, eine so bedeutende Rolle spielt. Auf der anderen Seite ist es aber auch
natürlich, dass die Bedenken, welche sich gegen die Analyse
einer der Grundsprache angehörigen Form vorbringen lassen,
im Laufe der Zeit schärfer betont wurden. Das Hypothetische aller solcher Analysen ist der realistischen Zeit, welche
sich von Dingen, die sich nicht wissen lassen, lieber fern halten
möchte, immer deutlicher zum Bewusstsein gekommen, und
man kann somit behaupten, dass bei einer nicht geringen Zahl
von Sprachforschern alle glottogonischen Hypothesen, d. h.
alle Versuche, die Formen der Ursprache zu erklären und darauf eine Geschichte der Flexion aufzubauen, in Misskredit
gerathen sind, (während natürlich die Schleicher'sche Ursprache in dem von mir definierten Sinne durchaus aufrecht erhalten werden kann). Um diese Ansicht zu kennzeichnen,
citiere ich einige Worte von Johannes Schmidt, der in
einer Abhandlung über die ursprüngliche Flexion des Optativs
und der auf *ā* auslautenden Präsensstämme, nachdem er die
Bedenklichkeiten bei der gewöhnlichen Erklärung des Optativs (durch Zusammensetzung mit der Wurzel *i* oder *jā*) hervorgehoben hat, sich so äussert (Kuhn's Zeitschrift 24, 320):
»Eine neue Erklärung aufzustellen, fühle ich mich nicht berufen. Die Aufgabe der indogermanischen Sprachwissenschaft
ist, nachzuweisen, welches die Formen der Ursprache waren,
und auf welchen Wegen daraus die der Einzelsprachen entstanden sind. Den begrifflichen Werth der an die sogenannten Wurzeln gefügten formativen Elemente zu erklären, sind
wir in den allermeisten Fällen ebenso unfähig und aus denselben Gründen wie es die einseitige griechische Grammatik
war die Elemente der griechischen Worte zu deuten. Auf

diesem Gebiete schreitet, wie es einer gesunden Wissenschaft geziemt, die Erkenntniss des Nichtwissens von Jahr zu Jahr fort.«

Damit hängt ein Anderes unmittelbar zusammen. Wenn man die Formen der Ursprache erklären will, z e r l e g t man sie in die Theile, aus denen man sie entstanden glaubt, z. B. *dāsjati* er wird geben in *dā-sja-ti*. Die gleiche Zerlegung lässt sich nun allenfalls noch ausführen bei den Sprachen, die wie das Sanskrit und Griechische sich auf leidlich alterthümlicher Stufe erhalten haben. So zerlegt Bopp eine Form wie ἐοθησόμεθα in ἐο-θη-σο-μεθα. Kann man nun annehmen, dass die Zusammenfügung dieser Elemente erst im Griechischen vor sich gegangen sei? Unzweifelhaft nicht. Je eindringender die Vergleichung der indogermanischen Sprachen zu Werke gegangen ist, um so deutlicher ist der Satz geworden: die Flexion war schon in der Ursprache abgeschlossen, in die Einzelsprachen sind nur fertige Wörter überliefert worden. Ist das nun richtig (und wer möchte daran zweifeln?) so entsteht sofort die Frage: Wie sind denn in den einzelnen Sprachen Neubildungen möglich? Um die Aufstellung dieser Frage hat sich M e r g u e t (Die Entwicklung der lateinischen Formenbildung. Berlin 1870)[1]) ein Verdienst erworben, um die Beantwortung derselben diejenigen Gelehrten, welche den Begriff der Analogiebildung wieder mehr betont haben, namentlich W h i t n e y, S c h e r e r, L e s k i e n (vgl. M i s t e l i, Lautgesetz und Analogie in S t e i n t h a l's Ztschr. 11, 365 ff.). Da Neubildungen in einer fertigen Sprache nicht mehr durch Zusammenfügung der constituierenden Elemente gebildet werden können, falls diese Elemente nicht selbst fertige Worte sind, so können alle übrigen Neubildungen nur auf dem Wege der Analogiebildung zu Stande kommen. Neubildungen sind Nachbildungen. Bei dieser Anschauung tritt natürlich das Princip der Analogie bei der Erklärung der Formen in den Vordergrund, und viele einzelne Formen wie z. B. das lateinische Imperfectum, Futurum u. s. w. sind nunmehr anders aufzufassen als bisher.

Eine andere Anregung zum Weitergehen ergab sich auf dem Gebiete der Lautlehre. Nachdem eine Zeit lang das Sanskrit, Griechische, Italische die leitenden Sprachen ge-

---

[1]) Man sehe namentlich einen Aufsatz desselben Verfassers Neue Jahrbb. für Phil. und Päd. 109, 145 ff.

wesen waren, und zwar diese in ihren ältesten Stadien, begannen allmählich die moderneren Idiome eine verstärkte Aufmerksamkeit auf sich zu ziehen, Dank namentlich den Arbeiten Ascoli's, eines Gelehrten, dessen Schärfe und Genauig-
keit im Einzelnen ebenso bewunderungswürdig ist, wie der
ungeheure Umfang seines Wissens auf dem Gebiet der alten
wie namentlich auch der neuen Dialecte des Indogermanischen.
In den neueren indogermanischen Sprachen nun (z. B. in den
slavischen und den romanischen Sprachen) findet man einen
Reichthum der Lautentwicklung und dabei eine Zartheit und
zugleich Sicherheit der Lautunterschiede, die in Erstaunen
setzen. Auf die eminente Mannichfaltigkeit der Lautgestaltung wurde zugleich durch die wieder mit besonderem Eifer
betriebene Lautphysiologie hingewiesen. Warum sollte nun
diese Mannichfaltigkeit der Laute, die wir an heutigen Sprachen beobachten, nicht auch den älteren Perioden zuzutrauen
sein? warum nicht auch der indogermanischen Grundsprache?
Unter dieser Annahme ergab sich an manchen Punkten Regel
und Ordnung, wo bisher »Ausnahmen« und Unregelmässigkeiten statuiert waren. Es gehört dahin z. B. die Statuierung
des *e* für die Grundsprache.   Zu dieser (schon oben bei
Scleicher erwähnten Hypothese) ist man auf folgende
Weise gekommen.   Es ist eine Thatsache, dass dem *a* des
Indisch-iranischen in anderen indogermanischen Sprachen
häufig *e* entspricht, z. B. dem *a* in *bhárāmi* das *e* in φέρω und
fero, dem *a* in *ka* das *e* in τε und *que*. Nun wies Curtius
nach, dass die europäischen Sprachen in dem *e* gegenüber
dem indisch-iranischen *a* zusammenzustimmen pflegen, und
nahm, da er an der Ursprünglichkeit des *a* ebenso wenig
zweifelte wie Bopp, Grimm, Pott, Schleicher u. a.
in Folge dessen an, dass das ursprüngliche *a* in der europäischen Grundsprache zu *e* geworden sei. Diese Ansicht,
welche lange gegolten hat, bekam einen ersten Stoss durch
die Entdeckung, dass das Armenische dieses *e* theilt. Sollte
man nun auch dieses zu der europäischen Masse rechnen,
oder sollte man vielleicht, indem man die vorausgesetzte
Urthümlichkeit des *a* fahren liess, annehmen dürfen, dass in
der Grundsprache schon ein *e* oder *ä* vorhanden gewesen und
in den wenigen Sprachen, die es nicht haben, zu einem *a* geworden sei, welches von dem sonstigen *a* (wenigstens in der
Schrift) nicht geschieden wird, so dass also die Unursprüng-
lichkeit nicht auf Seite des Europäischen, sondern des Indisch-

Iranischen liegen würde? Dass es sich in der That so verhalte, wie hiemit hypothetisch angenommen, lässt sich durch das Verhältniss der indischen (und iranischen) Palatalen zu den auf sie folgenden Vocalen mehr als wahrscheinlich machen. Wir sehen, dass unendlich häufig ein palataler Laut aus einem gutturalen durch den Einfluss eines folgenden *i* entsteht (so gehört z. B. *oǵ̄ján* zu dem Positiv *ugrás*). Ebenso wie *i* sehen wir häufig auch *a* wirken, aber nur solches *a*, welchem in den übrigen Sprachen *e* entspricht, so z. B. das *a* der Reduplicationssilbe in *kakāra* von *kar* machen, welchem im Griechischen, Deutschen u. s. w. *e* gegenübersteht, das *a* von *ka*, welchem im Griechischen und Lateinischen *e* entspricht u. s. w. Aus diesen Thatsachen, die sich ausserordentlich vermehren lassen, folgt, dass das oben erwähnte *a* des Sanskrit einige Ähnlichkeit mit *i* gehabt haben, also einst ein *e* oder *á* gewesen sein muss, und damit ist das Vorhandensein eines *e* in allen indogermanischen Sprachen erwiesen. Wenn sich nun noch zeigen lässt (— und das lässt sich zeigen —), dass jene Palatalisierung, welche wir im Sanskrit finden, in die Ursprache hineingereicht haben muss, so ist die Ursprünglichkeit des *e* (*á*) so sicher erwiesen, als dergleichen Behauptungen erwiesen werden können. Ich gehe hier auf Detail nicht weiter ein, sondern verweise den Leser auf einen Aufsatz von J o h a n n e s S c h m i d t (K. Z. 25, 1 ff.), in welchem die auf die ganze Frage der zwei Gutturalreihen und des europäischen *e* bezüglichen Vorarbeiten von A s c o l i , B r u g m a n , F i c k , C o l l i t z u. a. zusammengefasst sind, und die Stichhaltigkeit der neuen Auffassung mit genauestem Eingehen in das Einzelne dargethan wird. Neben die Entdeckung des indogermanischen E-Vocals stellt sich die von O s t h o f f herrührende sehr wahrscheinliche Vermuthung, dass in der Grundsprache bereits ein sonantisches *r*, wie wir es im Sanskrit kennen, vorhanden gewesen sei, welches im Griechischen durch αρ (ρα) wiedergegeben ist. Danach ist z. B. das α des griechischen Aorists ἔτραπον nicht mehr als ein vereinzelter Überrest eines früheren Sprachzustandes anzusehen, der durch eine Art von Trübung des Sprachgefühls erhalten sei (C u r t i u s , Grundzüge 52), sondern ρα ist der regelrechte Fortsetzer des indogermanischen R-Vocals, welcher dem Aorist gebührt. Nicht minder wichtig ist die B r u g m a n'sche Annahme eines sonantischen Nasals und Ähnliches der Art.

Diese Entdeckungen zeigten nun in besonders frappanter Weise, dass auch geringfügige Verschiedenheiten der Aus-

sprache (wie z. B. die Verschiedenheit zwischen $\acute{a}$ und a) sich
mit bewunderungswürdiger Treue durch die Jahrtausende fortsetzen, und mussten demgemäss erheblich dazu beitragen, die
Achtung vor der Gesetzmässigkeit alles Lautwandels zu
stärken. Nachdem Bopp den Lauten noch in grossem Masse
die Freiheit gelassen hatte, sich in derselben Sprachperiode
bald so bald so zu verändern, Pott, Schleicher und
Curtius diese Freiheit auf das Erheblichste eingeschränkt
hatten, war es nun, da neue sehr bedeutende Einschränkungen
hinzutraten, natürlich, dass das Aperçu auftauchte: die Lautgesetze erleiden überhaupt keine Ausnahme. Es
wird unten ausführlich gezeigt werden, dass auch diese neue
Auffassungsweise nothwendig eine stärkere Betonung des Ana-
logieprincips herbeiführen musste [1]).

Endlich ist zu erwähnen, dass von denjenigen Gelehrten, welche für die Ausnahmslosigkeit der Lautgesetze
eintreten, wiederholt und mit Nachdruck hervorgehoben
worden ist, dass die natürliche Beschaffenheit der Sprache
nicht in den Kunstsprachen, sondern in den Volksmund-

---

[1]) Der erste, welcher meines Wissens die Ansicht, dass die Lautgesetze ausnahmslos seien, deutlich ausgesprochen hat, ist Leskien (Die
Declination im Slavisch-Litauischen und Germanischen, Preisschriften
der Jablonowski'schen Gesellschaft in Leipzig, Leipzig 1876, S. XXVIII
und 1). Er sagt: »Bei der Untersuchung bin ich von dem Grundsatz ausgegangen, dass die uns überlieferte Gestalt eines Casus niemals auf einer
Ausnahme von den sonst befolgten Lautgesetzen beruhe. Um nicht miss-
verstanden zu werden, möchte ich noch hinzufügen: versteht man unter
Ausnahmen solche Fälle, in denen der zu erwartende Lautwandel aus bestimmten erkennbaren Ursachen nicht eingetreten ist, z. B. das Unter-
bleiben der Verschiebung im Deutschen in Lautgruppen wie st u. s. w.,
wo also gewissermassen eine Regel die andere durchkreuzt, so ist gegen
den Satz, die Lautgesetze seien nicht ausnahmslos, natürlich nichts einzuwenden. Das Gesetz wird eben dadurch nicht aufgehoben, und wirkt,
wo diese oder andere Störungen, die Wirkungen anderer Gesetze nicht
vorhanden sind, in der zu erwartenden Weise. Lässt man aber beliebige
zufällige, unter einander in keinen Zusammenhang zu bringende Abweichungen zu, so erklärt man im Grunde damit, dass das Object der
Untersuchung, die Sprache, der wissenschaftlichen Erkenntniss nicht zugänglich ist.« Daran schliesst sich, was Osthoff und Brugman Morph.
Unters. 1, XIII aussprechen: »Aller Lautwandel, so weit er mechanisch
vor sich geht, vollzieht sich nach ausnahmslosen Gesetzen, d. h. die Richtung der Lautbewegung ist bei allen Angehörigen einer Sprachgenossenschaft, ausser dem Fall, dass Dialektspaltung eintritt, stets dieselbe, und
alle Wörter, in denen der der Lautbewegung unterworfene Laut unter
gleichen Verhältnissen erscheint, werden ohne Ausnahme von der Ände-
rung ergriffen.« Daneben erscheint auch die unbedingte Fassung: Alle
Lautgesetze wirken blind, mit blinder Naturnothwendigkeit, oder
ähnlich.

arten zu Tage tritt. Wir sollen desshalb die leitenden Grundsätze für die Sprachforschung nicht in den ausgestorbenen
Schriftsprachen des Alterthums, sondern wesentlich an den
lebenden Volksmundarten der Gegenwart erarbeiten.

Das ungefähr sind die Anschauungen, Bestrebungen und
Hypothesen, welche als der Anfang einer erneuten Behandlung
der Probleme der Sprachwissenschaft erscheinen. Die hauptsächlichsten dieser Probleme sollen nun in den folgenden
Kapiteln erörtert werden.

Fünftes Kapitel.

Die Agglutinationstheorie.

In dem Vorhergehenden ist gezeigt worden, wie die sogenannte Agglutinationstheorie bei F r a n z B o p p entstanden ist,
und es ist wenigstens angedeutet worden, welche Rolle diese
Hypothese im Verlauf der weiteren Entwicklung der Sprachforschung gespielt hat. Es ist nun meine Aufgabe zu untersuchen, welcher Grad von Wahrscheinlichkeit derselben zugesprochen werden könne.

Jede Analyse der indogermanischen Flexionsformen muss
an die Thatsache anknüpfen, dass einige Flexionsendungen
des Verbums eine grosse Ähnlichkeit mit einigen Pronominalstämmen zeigen. Der Ausgang der ersten Person -mi erinnert
sofort an me mi-hi und was damit zusammenhängt, und ebenso das -ti der dritten Person an den Pronominalstamm ta, der
in τόν u. s. w. erscheint. Auch die Endungen der zweiten
Person zeigen Beziehungen zu dem entsprechenden Pronomen,
wenn dieselben auch nicht so unverkennbar sind, wie bei den
beiden anderen Personen. Diese Ähnlichkeit nun erklärte
Bopp mit der Annahme, dass die Pronomina an das Verbum
angetreten seien, welches also vor diesem Antritte noch keine
Endungen hatte, und der in dieser Hypothese ausgesprochene
Gedanke der Agglutination wurde der herrschende für seine

gesammte Erklärung der Flexion. Es liegt aber auf der Hand, dass neben der Bopp'schen Annahme noch andere möglich sind, welche an dieselbe Thatsache anknüpfen. In der bisherigen Sprachforschung sind zwei solche Hypothesen hervorgetreten, die erste, welche annimmt, dass die Endungen das prius, und die Pronomina durch Loslösung aus diesen entstanden seien — die Evolutionstheorie, und eine zweite, wonach die Pronomina und die Endungen unabhängig von einander entstanden und später auf einander bezogen sein sollen — die Adaptationstheorie.

Ich bespreche zunächst diese beiden Hypothesen.

Die Evolutionstheorie ist, da sie ihren ersten Vertreter in Friedrich v. Schlegel hat, älter als die Agglutinationstheorie, doch ist eine authentische Darstellung derselben nicht vorhanden, denn weder August Wilhelm v. Schlegel noch Lassen oder ein anderer Gelehrter dieser Schule haben den Bopp'schen Ausführungen etwas anderes als Negation gegenübergestellt. Unter diesen Umständen sind wir auf die Arbeiten dreier Männer angewiesen, von denen keiner als anerkannter Interpret der Schlegel'schen Lehrmeinung gelten kann, ich meine Carl Ferdinand Becker, Moriz Rapp, Rudolph Westphal. Was C. F. Becker, der einstmals berühmte Verfasser des »Organism« zu Gunsten der Ansicht von der Ursprünglichkeit der Personalsuffixe vorzubringen hat, reduciert sich im Wesentlichen auf folgende Betrachtung: »Weil das Wort ursprünglich Glied eines Satzes ist, so ist auch mit dem Begriffe des Worts ursprünglich die grammatische Beziehung und mit dem Worte seine Flexion gegeben. Das Wort als der Ausdruck des Begriffs und die Flexion als der Ausdruck der Beziehung sind gleich alt und ursprünglich.« Indessen dieses Räsonnement würde nur zutreffen, wenn man anzunehmen hätte, dass Alles, was gedacht wird, auch in der Sprache Ausdruck findet. Das ist nun bekanntlich durchaus nicht der Fall und es hindert desswegen nichts anzunehmen, dass der Gedanke der Beziehung schon lange vorhanden war, ehe er sprachlich ausgedrückt wurde. Also lässt sich auf das Alter des Beziehungsausdrucks aus dieser logisierenden Betrachtungsart kein Schluss gewinnen. Was den zweiten der genannten Männer betrifft, den Tübinger Moriz Rapp, so verweise ich auf eine Anzeige seiner vergleichenden Grammatik durch Steinthal (Kuhn's Zeitschrift 2, 276 ff.), in welcher gerade das hierher Gehörige erörtert

wird. Eine etwas eingehendere Betrachtung dagegen verlangen die Ansichten von Rudolf Westphal, wie sie
namentlich in dessen philosophisch-historischer Grammatik
der deutschen Sprache (Jena 1865) und methodischer Grammatik der griechischen Sprache (Jena 1870) niedergelegt sind.
Westphal's System ist, in der Kürze dargestellt, folgendes. Man kann in der Entwicklung der Sprache nach der
Bildung der Wurzeln drei Perioden unterscheiden. In der
ersten werden Dinge an und für sich bestimmt, in der zweiten
im Bezug zum menschlichen Denken, in der dritten in Beziehung auf einander (Phil.-hist. Gr. S. 98). In der ersten
Periode entstanden die Nominalstämme, in der zweiten die
Verbalflexion, in der dritten die Nominalflexion. Durch die
Wurzel hat das Sein einen sprachlichen Ausdruck erhalten als
dasjenige, an welchem eine bestimmte Bewegung oder Thätigkeit zur Erscheinung kommt. Diese Wurzel wird nun freilich
bisweilen auch da angewendet, wo das in seiner Ruhe selbständige Sein bezeichnet werden soll, aber gewöhnlich wird
sie doch zu diesem Zwecke auch lautlich verändert. Und zwar
wird sie um *ă, ĭ* oder *ŭ* erweitert. Über den Sinn dieser Erweiterung spricht W. sich so aus: »im Gegensatze zur einsilbigen
Verbalwurzel ist hierdurch für das nomen concretum eine zweisilbige Wortform gewonnen, deren schliessender Vocal zunächst nichts anderes bezeichnen soll, als dass die in dieser
Wortform vorkommende Wurzel nicht mehr ein j e d e s Ding
bezeichnen soll, an welchem die betreffende Thätigkeit oder
Bewegung zur Erscheinung kommt, sondern ein b e s t i m m t e s,
oder wenigstens eine bestimmte Klasse oder Gattung von
Dingen, als deren wesentliches Merkmal jene Bewegung oder
Thätigkeit gefasst wird. Die Bereicherung der Wurzel um
das *a i u* bezeichnet nur den Fortschritt aus grösserer Allge-
meinheit zur concreteren Bestimmtheit, zur Specialisirung.«
Im Laufe der weiteren Entwickelung specialisieren sich dann
die Bedeutungen der Nomina immer mehr, und die »zunächst
liegenden« Vocale *a i u* genügen nicht mehr; es werden also
auch andere Lautcombinationen in gleicher Funktion verwandt. »Zunächst nämlich tritt vor den Vocal *a i u* ein Nasal
oder Dental«, so entstehen die Suffixe *na ni nu, ta ti tu*; dann
auch die liquidae, so entstehen *ra ri ru, la li lu* (a. a. O.
S. 84). Um abgeleitete Nominalstämme zu bilden, tritt wieder
ein neues Element hinzu. Denn jede »Erweiterung des Begriffes um irgend ein Merkmal, um irgend eine Bestimmtheit

erfordert die Bereicherung des bereits vorhandenen Wort-
körpers um ein neues lautliches Element« (S. 85). Am kunst-
reichsten ist nun dieses Spiel der Begriffe und Laute beim
Verbum. Am Verbum kommen folgende Bestimmtheiten zum
Ausdruck: 1) Räumliche Identität zwischen dem Denkenden und
dem Gedachten, ausgedrückt durch die erste Person; 2) Zeitliche
Identität, ausgedrückt durch das Praesens; 3) Causale Identität zwischen der gedachten Thätigkeit und ihrem Gedacht-
werden, ausgedrückt durch den Imperativ. Zu diesen drei
Bestimmtheiten treten nun noch ihre Gegensätze,. nämlich:
1) Räumliche Nichtidentität, d. i. die dritte und zweite Person
zusammengenommen; 2) Zeitliche Nichtidentität, d. i. die Vergangenheit (die Zukunft ist nicht besonders bezeichnet);
3) Causale Nichtidentität, d. i. der Indicativus. Der ersten
dieser Bestimmtheiten entspricht der zunächst liegende Laut,
und zwar ist der in diesem Falle der Nasal »gleichviel ob
der dentale oder labiale«, und somit war die erste Bildung
die mit *m*, z. B. von der Wurzel *sta* lautete sie *stam*, der Gegensatz zu dieser Bestimmtheit wird ausgedrückt durch Anfügung
des ferner liegenden *t*, also *stat*. Nun soll aber noch die zweite
Person besonders gekennzeichnet werden, dazu waren vorhanden die zunächst liegenden Vocale *a i u*. Es ist wahrscheinlich, dass einst *stata stati statu* für die zweite Person
gebraucht werden konnte, doch wurde *statu* die beliebteste
Form. Aus ihr entstand *stas*, so haben wir *stam stas stat*. In
ähnlicher Weise wird nun, freilich nicht ohne dass allerhand
Annahmen gemacht werden, die selbst vom Standpunkte des
Systems aus hart und unwahrscheinlich genannt werden
müssen, das ganze Gebäude der Verbalflexion aus lauter näher
und ferner liegenden Lauten zusammengefügt. Aus den fertigen Flexionsformen des Verbums sind dann die Pronominalstämme entstanden, und zwar speciell aus den Formen des
Mediums. Es waren die Medialformen *tudama* und *tudatva*
entstanden, und daraus lösten sich *ma* und *tva* los. »Um den
Begriff ‚du schlägst mich‘ oder ‚er schlug mich‘ auszudrücken,
nahm man die active Form *tudas* oder *tudat* und bezeichnete
das dazu gehörige ‚Mich‘ durch dasselbe lautliche Element,
durch welches in der Medialform das reflexive ‚mich‘ ausgedrückt wurde, nämlich durch die Silbe *mä*« (a. a. O. S. 127).
In ähnlicher Weise wie die Flexionsformen des Verbums sind
die des Nomens entstanden, so dass ich auf diese Seite des
Systems nicht näher einzugehen brauche.

Dieses System nun fordert die Kritik in mehrfacher Hinsicht heraus, zunächst was die philosophische Grundlage betrifft. Ich glaube, es kann kaum ein Zweifel darüber herrschen, dass dieselbe nichts weiter für sich hat, als eine gewisse Grossartigkeit der Terminologie. Dass diese tiefsinnigen und dunklen »Bestimmtheiten« in den Köpfen unserer Vorfahren und zwar in einer dialektisch genau bestimmten Reihenfolge als sprachbildende Kräfte hervorgetreten seien, davon wird sich, wie mir scheint, ein nüchternes philologisches Publicum ebensowenig überzeugen, als es dem Verfasser glauben wird, dass dieselben Urkräfte dem »siderischen, vegetativen und animalischen Dasein zu Grunde liegen.« Ein weiterer Einwand muss aus jener Theorie von den näher und ferner liegenden Lauten hergenommen werden. Abgesehen davon, dass W. sich gelegentlich in der Auffassung der Distanz der Laute widerspricht, was soll es heissen, dass ein Laut nah, der andere fern liegt? Unter den Consonanten sollen Nasale und Dentale die zunächst liegenden sein: soll man nun annehmen, dass diese zuerst entstanden, und z. B. die Labialen erst jüngeren Datums sind? Auch andere lautliche Annahmen sind höchst bedenklich. Wie soll man sich z. B. erklären, dass mitten in das Wort hinein vor die Suffixvocale *a i u* die Consonanten *t n r l* treten? Wo findet man Ähnliches im Gebiete der indogermanischen Sprachen?

Die Hauptsache für meinen gegenwärtigen Zweck aber ist die Theorie über die Ablösung der Personalsuffixe. Ist diese Theorie wahrscheinlich? Es kann dagegen einmal geltend gemacht werden, dass sie die Annahme nöthig macht, dass die indogermanischen Sprachen sich eine Zeit lang ohne Personalpronomina beholfen hätten. Und diese Annahme (meint Curtius, Verbum I², 22) sei äusserst hart. Denn wo gäbe es — so fragt er — Sprachen ohne Personalpronomina? Dann aber muss man behaupten, die ganze Vorstellung, dass die Endungen »wie reife Birnen vom Baum gefallen« (Pott, Etym. Forsch. II, 360) oder »wie Harz ausgeschwitzt und abgetropft sind« (wie Scherer sich ausdrückt‚ seltsam und ohne Analogie ist. Wenigstens ist meines Wissens nichts Entsprechendes aus anderen Sprachen beigebracht worden, während für die Bopp'sche Hypothese allerdings (wie sich später zeigen wird‚ das Beispiel agglutinierender Sprachen zeugt.

Ich glaube desshalb, dass die Evolutionstheorie, in der Gestalt wie sie bis jetzt aufgetreten ist, auf den Beifall der

Sprachforscher keinen Anspruch erheben kann, und zwar um
so weniger, wenn sich im Verlaufe dieser Darstellung herausstellen sollte, dass für die Agglutinationshypothese, wenn auch
nicht in ihren Einzelheiten, so doch im Ganzen und Grossen
eine erhebliche Wahrscheinlichkeit geltend zu machen ist.

Wir kommen zu der Adaptationstheorie, oder den
Ansichten, welche Alfred Ludwig in seiner Abhandlung
über die Entstehung der a-Declination in den Sitzungsberr.
der Kais. Akad. (Wien 1867) und den beiden selbständig er-
schienenen Schriften »Der Infinitiv im Veda nebst einer Systematik des litauischen und slavischen Verbs« (Prag 1871) und
»Agglutination oder Adaptation? eine sprachwissenschaftliche
Streitfrage« (Prag 1873) dargelegt hat.

A. Ludwig, ein ausgezeichneter Kenner des Veda, ist
der Meinung, dass die bisherige Sprachwissenschaft ihre Vorstellungen über die Beschaffenheit der indogermanischen
Sprache viel zu einseitig dem Griechischen nachgebildet habe.
Der Veda müsse in viel umfassenderer Weise benutzt werden,
aus der vedischen Sprache allein seien die Fingerzeige für die
richtige Auffassung namentlich auch der Flexionsendungen zu
entnehmen, und zwar der Suffixe sowohl des Verbums wie
des Nomens. Was zunächst das Verbum betrifft, so ist es
eine Thatsache, dass im Veda die dritte Person sing. med. bisweilen im Präsens denselben Ausgang wie im Perfectum zeigt,
also -e (nicht -te) mithin mit der ersten sing. übereinstimmt,
so dass çṛṇvé sowohl heissen kann » er wird gehört«, als »ich
werde gehört«. Etwas Entsprechendes glaubt Ludwig auch
bei der zweiten Person med. zu finden, indem er annimmt,
dass das Suffix -se sowohl im Sinne der ersten wie der zweiten
Person gebraucht werde. Indem er nun von -e und -se auf
-te, und von da weiter auf -mi -si -ti schliesst (bei denen die
gleiche Vieldeutigkeit wie bei -e und -se nicht mehr so unverkennbar hervortrete), gelangt er zu der Meinung, dass ursprünglich die sogenannten Personalsuffixe mit der Bezeichnung der Personen nichts zu thun haben. Es gab demnach
keine ursprünglichen Personalsuffixe, vielmehr nur eine einzige Art von Suffixen, nämlich diejenige, welche wir Stammbildungssuffixe nennen. Die Formen des Verbum finitum
sind ihrem Ursprung nach nichts als Stämme. Das Gleiche
ergiebt sich für die Nominalflexion. Auch für die Casus sucht
Ludwig an der Hand des Veda nachzuweisen, dass sie ursprünglich keine gesonderten Bedeutungssphären gehabt

haben. Von der Grundbedeutung eines Casus zu reden ist ein
Unding. Es gab auch auf demjenigen Gebiet, welches wir das
nominale nennen, ursprünglich nur Stämme, deren Bedeutungen sich allmählich differenzirten und specialisirten.

Auf der anderen Seite hält nun aber L u d w i g doch die
Thatsache fest, dass in den späteren Perioden der Sprachentwickelung, z. B. im classischen Sanskrit, wirklich jede der
verschiedenen Endungen eine besondere Gebrauchsweise des
Wortes andeutet. So erhebt sich denn die Frage: Wie sind
die Suffixe zu dieser Bedeutung gekommen, die sie doch einst
nicht hatten? Die Antwort lautet: man legte sie ihnen bei.
Das erwachende geistige Bedürfniss forderte den Ausdruck
gewisser Kategorieen, und die Suffixe, welche ursprünglich
lediglich demonstrativen Sinn hatten, adaptirten sich diesem
Bedürfniss. Am spätesten entstanden die Formen des verbum
finitum, deren letzte Vorstufe durch diejenigen Stämme gebildet wird, welche wir jetzt Infinitive nennen. Um die ange-
deuteten Verwandlungen zu besserem Verständniss zu bringen,
lasse ich den Autor selbst reden. Nachdem er ausgeführt hat,
dass der Dativ und Localis, sobald wir den historischen Standpunkt festhalten, ihre Eigenschaft als flectierte Formen verlieren, und »auf das Gebiet der Wortbildung zurücktreten«,
fährt er fort: »diser process der wortbildung kam allmählig
in ein gewisses stocken, und es kam neben demselben eine
andere richtung auf die entwerteten wortbildungsformen anzu-
wenden. unterliesz man anfangs die specielle bezeichnung von
agens actio actum, und begnügte sich mit damals offenbar in
groszem masze angewandter demonstration, so schritt die
sprache allmählig sobald sie disponibles lautmaterial hatte dazu, dise die verständlichkeit der rede in auszerordentlichem
masze fördernde unterscheidung anzubanen, wobei sie jedoch
nichts weniger als consequent zu werke gieng. als es mit diser
differenzierung bisz zu einem gewissen grade gekommen war,
lag es gewiss wider nahe numerus und casusbeziehung anzu-
deuten, aber auch dazu ward nur vorhandenes benützt, an ein
schaffen einer grammatik ist nicht zu denken« (Inf. §. 19).
An einer anderen Stelle heisst es: »Was bedurfte es also um
das, wenn auch dunkle gefül einer flexion aufkommen zu
laszen? nichts weiter als des vergeszens. so lange man in den
betreffenden bildungen des factischen zusammenhanges einge-
denk blieb, gab es nur stämme, keine flectierten stämme.
sobald das gedächtniss dises zusammenhanges geschwunden

war, trat das bedürfniss ein, bei den verschiedenheiten, von
deren eigentlicher natur und entstehung man nichts mer
wusste, ja bei denen man nicht einmal wuste, dasz es etwas zu
wissen gab, etwas zu denken, oder eigentlich sie zu verstehn.
denn kein zweifel, dasz [man] mit den bedeutungen, die man den
formen beilegte, meinte sie zu verstehn« (Inf. §. 29),
und wenige Seiten weiter: »Mit dem allmäligen werden der
formen stellten sich naturgemäsz zwei erscheinungen ein,
welche die angelpunkte der syntax wurden, von der man sagen
musz, dasz sie früher garnicht bestand, anders als in phraseo-
logie: es ist die bezeichnung der grammatischen abhängigkeit
und der grammatischen übereinstimmung oder grammatische
sub- und coordination. es war natürlich, dasz, wo zwischen
auszdrücken eine beziehung bestand, man sich bestrebte, derselben auszdruck zu leihen, der die verschiedenheit oder identität des verhältnisses mererer auszdrücke einem andern gegenüber kennzeichnen konnte. diesz hatte weiter auch zur folge,
dasz sich ein gewisses bedürfnis nach sog. grammatikalischen
endungen herauszbildete, die blosze stammendung allmählig
entweder ganz perhorresciert ward, oder auf ein specielles be-
deutungsfeld beschränkt den schein einer flectierten form an-
nam. gewisse endungen scheinen gerade zu vil begert gewesen
zu sein: âm loc. si. gen. pl. no. acc. du. und wie wir überzeugt sind auch instrum. si. (à) vgl. altsl. ayą; ebenso bhi.
hiedurch schienen offenbar die wörter erst abgerundet und
vollendet. wie das verlangen darnach stieg, beschränkte sich
andrerseits die zal der möglichen wortauszgänge« (Inf. §. 31).
Damit verbinde man eine Stelle aus der Ludwig'schen Streit-
schrift: »Als ihre [der personalsuffixe] ursprüngliche bedeutung stelle ich die demonstrative auf, die dann der function
der wortbildung die stelle räume; dann nahmen sie allgemeine verbalbedeutung an [wie sie im infinitiv erscheint],
und endlich, als die zal dieser elemente wuchs, brachte man
sie nach beiläufigen oft auch nach gar keinen analogien in zusammenhang und beziehung mit den unterdessen im pron.
pers. auszgebildeten categorien der grammatischen personen.
ich neme also eine ursprüngliche bedeutung an, und auszer-
dem ein hindurchgehn durch drei metamorphosen an.« (Agglutination oder Adaptation, pag. 62.)
   Hat der Leser nun durch diese Darstellung einen unge-
fähren Begriff von Ludwig's allgemeinen Anschauungen erhalten, so bleibt freilich noch eine wichtige Aufgabe für mich

zurück, nämlich zu zeigen, wie L u d w i g diese Anschauungen
aus dem faktischen Bestand der indogermanischen Laute und
Formen gewonnen hat. Natürlich ist es nicht möglich, dem
Verfasser zu diesem Zweck in alles Detail zu folgen, ich bemerke daher nur im Allgemeinen, dass L. eine Anzahl von
Lautgesetzen gefunden zu haben meint, die von dem, was
anderen Gelehrten als feststehend gilt, erheblich abweichen.
So glaubt er sich z. B. berechtigt anzunehmen, dass im Idg.
jedes Suffix vocalisch auslautete, dass *t* sich in *s*, *s* sich in *r*
wandelte, *t* in *n* überging, *n* zwischen Vocalen ausfiel u. a. m.
Um an einer Probe das Verfahren zu veranschaulichen, führe
ich beispielshalber an, dass ein infinitivartig gebrauchter
Stamm auf *-āni* angenommen wird, der sich in folgender Weise
verwandelt hat:

Was hier mit *e* bezeichnet ist, ist das was wir die erste oder
dritte Person auf *e* (z. B. *çrnvé*, s. oben S. 66) nennen, mit *á* sind
gemeint die Formen auf *ā* wie *stávā* u.s.w., die den Kennern des
Veda bekannt sind, mit *a* der Stamm der Verba der *a*-Conju-
gation. Solche Formen wurden nach L.'s Meinung eine Zeit
lang ohne weitere Endungen (die wir Personalendungen nennen)
in verbalem Sinne gebraucht, nachher empfingen Formen wie
bharā und *bhara* die Suffixe *mi si ti* etc. durch Übertragung
von Verben wie *dvish*, an denen sich die Stammausgänge *mi*
etc. zu einer Art von Personalsuffixen adaptirt hatten.

Um nun die Glaubwürdigkeit dieser Hypothesen abzuschätzen, muss man vor allen Dingen zu der L u d w i g'schen
Auffassung der Sprache des Veda Stellung nehmen, denn es
ist klar, dass die Adaptationstheorie eine mächtige Stütze erhalten würde, wenn die von L. behauptete Vieldeutigkeit der
vedischen Formen sich nachweisen liesse. Ich habe schon
früher die Meinung ausgesprochen, dass dieser Beweis nicht
geführt worden ist und nicht geführt werden kann (Kuhn's
Ztschr. 20, 212 ff.) und beharre um so mehr auf dieser Ansicht,
als gerade in den letzten Jahren die fortschreitende Interpre-
tation des Veda (an der ja L u d w i g selbst einen nicht zu unter-
schätzenden Antheil hat) immer deutlicher gezeigt hat, dass sie
ohne die L u d w i g'schen Annahmen auskommt. Wenn nun

diese Stütze der Adaptationstheorie entzogen wird, so bleibt
nur ihre eigene innere Wahrscheinlichkeit als Beweis für sie
übrig (denn die L u d w i g'schen Lautgesetze haben selbst kein
anderes Fundament als die Wahrscheinlichkeit der Theorie).
Wie steht es nun mit dieser inneren Wahrscheinlichkeit? Wie
mir scheint, würde es gewagt sein, wenn man den Gedanken,
dass Flexionssuffixe aus Stammsuffixen hervorgegangen seien,
auf der ganzen Linie der Grammatik zurückweisen wollte (wir
werden demselben bei dem Nomen später noch begegnen), aber
die L u d w i g'sche Anwendung desselben auf das V e r b u m
scheint mir nicht gerechtfertigt. Und selbst wenn man als
möglich zugeben wollte, dass die Personen des Verbums sich
aus Stämmen differenziert hätten, was mir sehr unwahrscheinlich dünkt, so bliebe immer noch die Frage zu lösen, woher
denn die Ähnlichkeit der sogenannten Personalsuffixe mit den
Pronominibus kommt, eine Ähnlichkeit, die doch nicht weg-
zuleugnen ist. Was L u d w i g auf diese Frage zu antworten
hat, sieht einer Incompetenzerklärung sehr ähnlich. Ich
möchte namentlich die Aufmerksamkeit des Lesers auf einen
der oben angeführten Sätze lenken, welcher so lautet: »als die
zal dieser elemente wuchs, brachte man sie nach beiläufigen
oft auch nach gar keinen analogien in zusammenhang und
beziehung mit den unterdessen im pron. pers. auszgebildeten
categorien der grammatischen personen.« Irre ich nicht, so
hat der Verfasser selbst in diesem Satze, indem er die Beziehung zwischen Suffix und Pronomen oft nach gar keinen
Analogieen eintreten lässt, an einem der wichtigsten Punkte
seines Systems selbst auf jede Erklärung verzichtet, und hat
damit den am schwersten wiegenden Einwand gegen seine
Hypothese selbst formuliert. Die Adaptationstheorie, welche die
unabhängige Entstehung der Personalsuffixe und der Pronomina
annimmt, muss vor allem nachweisen oder doch wahrscheinlich machen können, wie trotz der unabhängigen Entstehung
die auffallende Ähnlichkeit der betreffenden Elemente zu erklären sei. Und diesen Nachweis hat L u d w i g nicht erbracht.
Somit kann ich der Adaptationstheorie im Ganzen ebensowenig
Wahrscheinlichkeit zuerkennen. als der Evolutionstheorie.[1])

---

[1]) In wesentlicher Übereinstimmung mit L u d w i g befindet sich der
vielseitige englische Sprachforscher A. H. S a y c e (vgl. dessen principles of
comparative philology, zweite Aufl. London 1875, Introduction to the
science of language, zwei Bände, zweite Auflage, London 1883). S a y c e
hielt früher in der Erklärung der Verbalformen noch einige Fühlung mit

Sehen wir nun, was sich aus der Abweisung der beiden
eben erwähnten Hypothesen folgern lässt. Die Thatsache
einer die Erklärung durch Zufall ausschliessenden Ähnlichkeit
zwischen einigen Personalsuffixen und Pronominibus, von
welcher, wie wir sehen, jede Hypothese über die Entstehung
der Flexion ausgehen muss, kann, so viel ich sehe, auf drei-
fache Weise erklärt werden. Entweder man nimmt an, dass
die Endungen aus den Pronominibus entstanden sind, oder
dass die Pronomina aus den Endungen entstanden sind, oder
dass Endungen und Pronomina unbhängig von einander entstanden, und sich erst später angeähnlicht worden sind. Die
zweite und dritte Annahme erscheint mir, wie ich soeben erklärt habe, unwahrscheinlich. So bleibt denn, wenn man nicht
auf jeden Versuch einer Erklärung verzichten will (ein Standpunkt. der am Schlusse dieses Abschnittes gewürdigt werden
soll] nur die erste Hypothese übrig — die Bopp'sche.

Dieselbe wird auch noch von anderer Seite, nämlich
durch die Analogie der sogenannten agglutinierenden Sprachen
empfohlen.

Ich kann auf diesem Gebiete nicht aus eigener Anschauung
urtheilen, und beziehe mich daher lediglich auf die Ausführungen eines Kenners dieser Sprachen, nämlich Böhtlingk's
in der Einleitung zu seiner jakutischen Grammatik. Ich mag
seine gedrängte Entwickelung nicht durch einen Auszug ent-
stellen, sondern verweise den Leser auf das Studium dieser an
Belehrung reichen und neuerdings nicht mehr genug benutzten
Schrift. Um aber doch eine Vorstellung davon zu geben, was mit
der Verweisung auf Böhtlingk gemeint ist, theile ich eine
Stelle wörtlich mit (S. XXIV): »Fassen wir alle Erscheinungen
zusammen, so müssen wir eingestehen, dass in den indogermanischen Sprachen im Allgemeinen Stoff und Form weit

---

Bopp, insofern er noch 1883 Introd. 1, 392) erklärte: it is highly prob-
able that the personendings of the Aryan verb *as-mi*, *a's)-si*, *as-ti*, or *is-μι,
is-si, is-τι* are but the personal pronouns closely compounded with the
verbal stem. In der Vorrede jedoch (p. VII) corrigiert er diese Ansicht,
und erklärt das *m* der ersten Person für identisch mit dem *m* des Nominativs und Accusativs im Neutrum. Das *i* ist von der dritten Person eingeführt, welche ihrerseits entweder ein Stamm ist, wie γενεσι-ς oder ein Lo-
cativ vgl. auch Sayce in der Academy Nr. 541 (16. Sept. 1882) pag. 207).
Die erste Auflage von Sayce's Introduction ist unter Entwicklung einiger
eigener Anschauungen, namentlich einer Infigirungstheorie mit Beifall besprochen worden von Fick in den Gött. Gel. Anz. vom 6. April 1881. Ein
näheres Eingehen auf diese noch im Werdeprocess begriffenen Theoreme
verspare ich mir auf später.

inniger verbunden sind als in den sogenannten agglutinirenden
Sprachen, dass aber in einigen Gliedern der ural-altaischen
Sprachen, namentlich im Finnischen und Jakutischen, Stoff
und Form nicht so ganz äusserlich an einander kleben, wie
Pott und andere Sprachforscher anzunehmen geneigt sind.
Auch muss ich offen bekennen, dass ich überhaupt die Art
und Weise, wie Stoff und Form in verschiedenen Sprachen
mit einander sich verbinden, für ein zu äusserliches Merkmal
halte, als dass ich darauf allein eine Eintheilung der Sprachen
begründen möchte. Die losere oder festere Verbindung des
Stoffes mit der Form steht in genauem Zusammenhange mit
dem Articulationsvermögen eines Volkes, aber auch mit dem
Alter und dem häufigen Gebrauch der Formen. In den indogermanischen Sprachen, die in Betreff dieser Verbindung eine
höhere Stufe als z. B. die ural-altaischen einnehmen, hat nach
meiner innigsten Überzeugung die Formenbildung bedeutend
früher als in den zuletzt genannten Sprachen begonnen. Unter
diesen Sprachen wiederum ist das Finnische, wie ich glaube,
früher als das Türkisch-Tatarische und dieses wiederum früher
als das Mongolische zur Formenbildung geschritten. In den
ältesten Sprachdenkmalen der indogermanischen Völker ge-
wahren wir die grammatischen Formen auf einer Höhe, über
die hinaus kein weiterer Fortschritt geschehen ist; was auf
den Trümmern dieser Formen sich von Neuem gestaltete,
müssen wir in der Geschichte dieser Sprachen als eine neue
Formenschöpfung betrachten. Die ural-altaischen Sprachen,
vielleicht mit Ausnahme des Finnischen, haben den Höhe-
punkt der ersten Formenbildung noch nicht erreicht: wenn
wir hier auf flexionslose Wörter stossen, so sind dies Über-
reste aus einer älteren Periode [der Sprache, wo die Flexion
noch nicht entwickelt war; die flexionslosen Wörter der
neueren indogermanischen Sprachen dagegen sind in der
Regel verwitterte Flexionsformen. Eine Vergleichung der
mongolischen und kalmückischen Volkssprache mit der Schriftsprache zeigt uns ganz deutlich, wie Formen sich in der jüng-
sten Vergangenheit gebildet haben. Die mongolische Schriftsprache kennt noch keine affigirten Pronomina, weder Posses-
siva noch Prädicativa; in der Sprache der heutigen Burjaten
haben sich beide Arten von affigirten Pronominibus, aber nicht
in durchgängig unterschiedener Form, entwickelt, so dass
beim Verbo eine Abwandlung nach den Personen stattfindet.
Dieselbe Erscheinung haben wir bei den Kalmücken: *üsädshi*

bainu tschi s i e h e s t d u zieht die Volkssprache in *üsüdshänütsch*, *ögüngädshi bainai bi* i c h w e r d e b a l d g e h e n , i c h b i n i m B e g r i f f z u g e h e n in *ögüngädshünüb* zusammen. So verbindet sich auch die Postposition *ütsü* mit seinem Nomen zu einer untrennbaren Einheit und wird geradezu eine Casusendung: *chagása* w o h e r , in der Schriftsprache *chamighu ütsü*. Man sieht hieraus, wie voreilig aus dem Schicksal der indogermanischen Sprachen gefolgert worden ist, dass die Sprachengeschichte, so weit sie die Geschichte der Entwickelung der Bildung der Sprachen sei, vor die Weltgeschichte falle.« Namentlich der Schluss dieser Ausführungen ist für die hier behandelte Frage von grossem Interesse. Denn die Beobachtung, dass in historischer Zeit Sprachformen durch Zusammensetzung entstehen, muss zu Gunsten der gleichen Annahme für die sog. vorhistorische Zeit schwer in's Gewicht fallen.

Alles freilich, was hiermit für die B o p p'sche Auffassung beigebracht worden ist, kann nur dazu dienen, das Princip im Allgemeinen zu empfehlen. Wie weit sich das Princip etwa im Einzelnen bewähre, darüber kann nur die Specialdiscussion Aufschluss geben, zu der ich nunmehr übergehe. Ich mache dabei drei Hauptabtheilungen: die Wurzeln, das Nomen, das Verbum.

I. Die Wurzeln.

a) D e r B e g r i f f d e r W u r z e l .

Wie oben gezeigt worden ist, entnahm B o p p der grammatischen Tradition seiner Zeit und den indischen Grammatikern den Satz, dass die gesammte Wortmasse einer Sprache auf Wurzeln zurückgebe. Ob nun diese sogenannten Wurzeln als reale sprachliche Gebilde oder als Abstraktionen des Grammatikers anzusehen seien, darüber hat sich B o p p, der überhaupt allgemeinere Erörterungen nicht liebt, soviel ich sehe, nicht ausgesprochen. Dagegen ist die Frage von P o t t in der ersten Ausgabe seiner Etymologischen Forschungen an verschiedenen Stellen und in der zweiten Auflage in einem über tausend Seiten starken Bande (der zweiten Auflage zweiten Theiles erste Abtheilung, Lemgo und Detmold 1861) eingehend erörtert worden. Seine Meinung ist (um es möglichst mit seinen eigenen Worten zu sagen) folgende: Wurzeln sind die Stammoberhäupter einer Wörterfamilie, die Einheit, die pyra-

midalische Spitze, in welche alle zu einer solchen Familie gehörigen Glieder auslaufen ; nur Composita können als Wörter-
cheleute zweien Familien angehören. Wurzeln sind ferner nur
ein Eingebildetes, eine Abstraction ; factisch kann es in der
Sprache keine Wurzeln geben: was in ihr auch äusserlich als
reine Wurzel sich darstellen möge, ist Wort oder Wortform,
nicht Wurzel; denn Wurzel ist eben eine Abstraction von
allen Wortclassen und deren Unterschieden, die Lichtsamm-
lung aus ihnen ohne Strahlenbrechung« (1. Aufl. 148), und
ähnlich in der zweiten Auflage: »Wurzel ist nicht wie Buchstabe
oder Sylbe, die bloss lautliche sondern auch begriffliche Einheit
genetisch zusammengehöriger Wörter und Formen, welche
dem Sprach-Bildner bei deren Schöpfung in der Seele als
Prototyp vorschwebte, ja wo nicht ganz verdunkelt, mehr oder
minder deutlich von jedem Redenden gefühlt wird mit Bezug
auf diejenige Sprache (zumeist die Muttersprache), deren er
sich bedient.« Dazu nehme man S. 194: »Die Wurzeln sind
stets nur ideale, vom [wohl: dem] Grammatiker zu seinem
Geschäft nöthige Abstractionen, die er indess unter strengem
Ausschliessen [wohl: Anschliessen] an die gegebene Wirklichkeit aus der Sprache abzuziehen hat.« Pott leugnet also,
dass die Wurzeln vor den Flexionsformen existirt haben:
»Wenn nun behauptet werden muss, Declination entstehe in
den Sanskritsprachen durch Aufügung der Flexionssuffixe an
die Grundformen des Nomen, Conjugation durch die anderer
an die Wurzel oder den Stamm, so darf dies nicht so miss-
verstanden werden, als seien Grundform und Wurzel etwas
selbständig und unverbunden in der Sprache Vorhandenes,
oder gleichsam vor der Flexion in ihr vorhanden gewesen ; es
ist nur die Meinung, dass die Grundform in allen Casus, die
Wurzel in allen Verbalformen als das noch Ununterschiedene,
als das ihnen Gemeinschaftliche enthalten sci, welches nur
die grammatische Analyse um wissenschaftlicher Zwecke
willen von allen mit ihnen in der Wirklichkeit vereinigten
Unterschieden zu befreien und in ihrer Einfachheit hinzustellen
bestrebt ist« (erste Aufl. I. S. 155), und ähnlich zweite Aufl.
S. 196 (vgl. auch erste Aufl. I, 179). Diese Definition von
Pott ist richtig, insofern sie richtig angiebt, welche Stelle
eine Wurzel innerhalb einer fertigen Flexionssprache einnimmt, aber sie ist einseitig, insofern sie nicht angiebt, wie
die Wurzel zu dieser Funktion gekommen ist. Auf diese
Frage ist vom Standpunkt der Bopp'schen Hypothese aus

nur eine Antwort möglich. Wenn wirklich die Prototypen der
jetzt vorhandenen Flexionsformen durch Zusammensetzung,
insbesondere die Prototypen der Formen des verbum finitum
durch Zusammensetzung einer Verbal- mit einer Pronominalwurzel entstanden sind, so muss die Wurzel, ehe das Wort entstand, bestanden haben. Die Wurzeln sind darum in den
Wörtern enthalten, weil sie vor ihnen da waren und in ihnen
aufgegangen sind. Sie sind die Wörter der vorflexivischen
Periode, welche mit der Ausbildung der Flexion verschwinden.
Und daher erscheint denn dasjenige, was einst ein reales Wort
war, vom Standpunkte der ausgebildeten Flexionssprache aus
nur als ein ideales Bedeutungscentrum. Dieser durchaus fass-
liche und consequente Begriff der Wurzel ist heut zu Tage
von denjenigen, welche auf dem Boden der Bopp'schen Hypothesen stehen, wohl allgemein recipirt. Man vergleiche
darüber ausser dem was Curtius Chronologie 2 S. 23 anführt
namentlich Benfey Gött. Gel. Anz. 1852 S. 1782, und Steinthal Zeitschrift für Völkerpsychologie 2, 453—486.

Ja es hat den Anschein, als könne auch Pott sich
schliesslich mit dieser Auffassung befreunden. Finden sich
doch auch bei ihm Stellen wie die folgende: »Es wäre denkbar, dass den Sanskritsprachen in der auf uns vererbten Gestaltung ein Zustand der grössten Einfachheit und Flexions-
losigkeit, wie ihn noch heute die chinesische Sprache nebst
anderen sog. monosyllabischen darbietet, vorausging« (Et. F.[1],
2, 360). Wenn Pott sich trotzdem gegen die hier vorgetragene historische Auffassung der Wurzel ablehnend verhält,
so geschieht das offenbar aus kritischer Abneigung gegen die
ursprachlichen Constructionen überhaupt. Aber diese Abneigung geht zu weit, wenn sie sich nicht etwa bloss gegen
die Wurzelaufstellungen im Einzelnen, sondern gegen den
ganzen Begriff der Wurzel als des Wortes der Urzeit wendet.
Denn dieser Begriff der Wurzel ist eine nothwendige Consequenz der Bopp'schen Zusammensetzungstheorie, der ja auch
Pott anhängt.

Aus dem hiermit festgestellten Begriff der Wurzel ergiebt
sich sogleich eine praktisch wichtige Folgerung. Wenn die
Wurzeln nicht mehr in den Einzelsprachen, auch nicht mehr
in der indogermanischen Flexionssprache, sondern nur in der
hinter derselben liegenden Periode existirt haben, so kann
man auch nicht von sanskritischen, griechischen, lateinischen,
deutschen, slavischen u. s. w. Wurzeln reden, sondern nur

von indogermanischen. Stellt man dennoch Wurzeln der Einzelsprachen auf, so haben diese keinen wissenschaftlichen Werth, sondern nur die Bedeutung praktischer Hülfsconstruktionen. Dabei macht die Alterthümlichkeit der einzelnen Sprachen keinen Unterschied. Sanskritische Wurzeln haben nicht mehr Berechtigung als neuhochdeutsche oder rumänische, denn der Umstand, dass in der alterthümlichen Sprache sich die ursprünglichen Wurzeln leichter herauserkennen lassen, kommt für die theoretische Beurtheilung nicht in Betracht. Liegt doch überall dasselbe historische Verhältniss vor: In unendlicher Ferne hinter aller Überlieferung liegt die Zeit, in welcher die indogermanische Flexion noch nicht existierte, in welcher man sagen wir $d\bar{a}$ gebrauchte, um geben, Geber u. s. w. auszudrücken. Als dann etwa $d\bar{a}mi$ ich gebe, $d\bar{a}tar$ der Geber u. s. w. entstand, war damit die Wurzel $d\bar{a}$ als solche aus der Sprache entschwunden. Es waren fortan (nach Vollendung der Flexion) nicht mehr Wurzeln, sondern nur Wörter vorhanden. Und als nun endlich (vielleicht nach Tausenden von Jahren) sich aus dem Urvolk einzelne Völker absonderten, wie die Inder, Hellenen u. s. w., brachten diese natürlich aus der ursprünglichen Heimath nichts mit als fertige Wörter. In manchen Wörtern hatte sich das was einst die Wurzel gewesen war noch deutlich erhalten, z. B. in δίδωμι δοτήρ u. s. w. des Griechischen, und diese Wörter bildeten dann natürlich in der Seele des Sprechenden eine zusammengehörige Masse, aber eine Wurzel δο oder δω existierte in der Sprache der Griechen nicht. Dagegen in anderen Fällen ist das Verwandte auch in so alterthümlichen Sprachen, wie das Griechische, schon nicht mehr durch Lautähnlichkeit zusammengehalten. So mag zwar dem Inder noch eine Beziehung zwischen $a\zeta\acute{u}s$ (ὠκύς) und $a\zeta vas$ (ἵππος) vorgeschwebt haben, aber der Grieche fühlte sicher zwischen ὠκύς und ἵππος nicht mehr die geringste Beziehung. Die moderneren Sprachen nun unterscheiden sich von dem Sanskrit, Griechischen u. a. eben nur dadurch, dass das Verhältniss, welches wir im Griechischen bei ὠκύς und ἵππος eingetreten sehen, in ihnen viel häufiger geworden ist.

Wenn es demnach klar ist, dass es unwissenschaftlich ist, von Wurzeln der Einzelsprachen zu reden, so ist es auf der anderen Seite doch wahrscheinlich, dass dieselben — ihrer Bequemlichkeit wegen — nicht aus der Praxis der Sprachwissenschaft verschwinden werden. Und es ist auch gegen die Anwendung von Hülfsfiguren nichts einzuwenden, sobald man sie nicht mit Realitäten verwechselt. Bei der Aufstellung dieser Wurzeln kommt natürlich auf die Form wenig an. Ob man φερ sagen will, oder φορ oder φαρ oder endlich φρ, ist lediglich eine Sache der Verabredung.

b) Die Klassen der Wurzeln.

Bopp äussert sich über die Klassen der Wurzeln folgendermassen: »Es gibt im Sanskrit und den mit ihm verwandten Sprachen zwei Klassen von Wurzeln; aus der einen, bei weitem zahlreichsten, entspringen Verba und Nomina (substantive und adjective), welche mit Verben in brüderlichem, nicht in einem Abstammungsverhältnisse stehen, nicht von ihnen erzeugt, sondern mit ihnen aus demselben Schosse entsprungen sind. Wir nennen sie jedoch, der Unterscheidung wegen und der herrschenden Gewohnheit nach, Verbal-Wurzeln. Aus der zweiten Klasse entspringen Pronomina, alle Urpraepositionen, Conjunctionen und Partikeln; wir nennen diese »Pronominalwurzeln«, weil sie sämmtlich einen Pronominalbegriff ausdrücken, der in den Praepositionen, Conjunctionen und Partikeln mehr oder weniger versteckt liegt.« Dieser Eintheilung haben sich eine Reihe von Gelehrten angeschlossen (vgl. G. Curtius, Zur Chronologie der indogermanischen Sprachforschung [Abh. der phil.-hist. Classe der sächsischen Ges. der Wiss.] Zweite Aufl., Leipzig 1873, S. 23, und Whitney, Sprachwissenschaft übersetzt von Jolly, München 1874, S. 389), wenn auch einige von ihnen andere Benennung der beiden Klassen vorziehen, unter denen mir Max Müller's Bezeichnung prädicative und demonstrative die annehmbarste scheint.[1]

Von anderer Seite sind gegen Bopp's Ansicht Einwendungen erhoben worden, die sich folgendermassen formulieren lassen:

Zunächst ist bezweifelt worden, ob wirklich eine ursprüngliche Zweiheit der Klassen anzunehmen, und nicht vielmehr

---

[1] Curtius' Bezeichnung »nennende« Wurzeln für praedicative) erweist sich bei dem Versuch, aus den zwei Klassen der Wurzeln die Redetheile zu entwickeln als unpraktisch. Indem man nämlich aus den »nennenden« Wurzeln das Verbum und Nomen ableitet, und als Characteristicum des letzteren angiebt, dass es »nennt«, während das Verbum »aussagt«, gelangt man dazu, den Terminus »nennen« zweimal in verschiedenem technischen Sinne zu gebrauchen.

die demonstrative Klasse aus der prädicativen abzuleiten sei. Dieser Ansicht sind Gelehrte wie Jacob Grimm, Schleicher (vgl. Curtius Chronologie [2], 24), Weber (Indische Studien 2, 406). Sie leiten z. B. den Pronominalstamm *ta* von *tan* dehnen ab, und das Pronomen der ersten Person *ma* von *mā* messen (wobei Schleicher folgende Entwickelung der Bedeutung annimmt: messen, denken, Mensch, ich).

Theilweise schliesst sich ihnen Scherer an, indem er Zur Geschichte der deutschen Sprache [2], 451 ausspricht, etwas werde doch wohl von dem, was Weber in dieser Beziehung behaupte, Bestand haben, aber er unterscheidet sich von den genannten Gelehrten dadurch, dass er auch ein Hervorgehen von prädicativen Wurzeln aus Raumvorstellungen annimmt.

Für mich hat keine der vorgebrachten Ableitungen etwas Wahrscheinliches, und ich möchte also soviel festhalten, dass eine Einheit hinter und über der von Bopp behaupteten Zweiheit nicht wahrscheinlich gemacht worden sei.

Eine eigenthümliche Ansicht, die sich theilweise mit der eben erwähnten deckt, hat Benfey ausgesprochen. Er nimmt ebenfalls an, dass die prädicativen Wurzeln der Grundstock aller Wurzeln seien, definirt diese selber aber enger als Bopp und die übrigen Sprachforscher. Während nämlich Bopp Nomen und Verbum als Zwillinge den prädicativen Wurzeln entstammen lässt, hält Benfey die Verben für das einzig Primitive, und giebt also den einsilbigen Urelementen, die auch er annimmt, nicht mehr den Namen Wurzeln, sondern primitive Verben. Er leitet also die ganze Masse indogermanischer Wörter aus primären Verben ab. Diese Theorie beruht hauptsächlich auf Benfey's Suffixtheorie. Und da ich, wie sich unten zeigen wird, diese nicht billigen kann, so halte ich auch ihre Consequenz, die einsilbigen primären Verben nicht für annehmbar.

Die bisher erwähnten Ansichten haben das Gemeinsame, dass sie an die Stelle der von Bopp angenommenen Zweiheit mit mehr oder weniger Bestimmtheit die Einheit setzen möchten. Aber auch ein entgegengesetzter Einwand kann erhoben werden. Reichen die Bopp'schen Klassen aus? Können aus ihnen die überlieferten Redetheile ohne Rest abgeleitet werden? Bei dem Versuch einer solchen Ableitung stösst man (ganz abgesehen von den Zahlwörtern, deren Ursprung man nicht kennt) bei den Praepositionen und Partikeln auf erhebliche Schwierigkeiten. Die Praepositionen will Pott zu keiner

der beiden Klassen stellen, sondern meint, sie seien sui generis
und ebenso ursprünglich wie die Pronomina. Ich glaube nicht,
dass es gelingen wird die Urpraepositionen des Indogermanischen mit einiger Sicherheit zu analysiren (mit dem Experiment Grassmann's in Kuhn's Zeitschrift 23, 559 ff. kann ich
mich nicht befreunden), aber es ist doch klar, dass sie zu den
Pronominibus in einem begrifflich nahen Verhältnisse stehen,
und darum mag es gestattet sein, sie mit diesen unter eine
Klasse zu bringen, aber mehr Bedenken erregen gewisse Partikeln, z. B. die Partikeln der Abwehr und Ermunterung *mä*
und *nú*. Wie diese Wörter, die weder eine Erscheinung be-
nennen, noch den Sprechenden mit seiner Umgebung in
augenblickliche Beziehung setzen, in eine der vorhandenen
Abtheilungen eingefügt werden können, ist schwer zu sagen.
Vielleicht wäre noch eine dritte Klasse anzusetzen, nämlich
solche Wurzeln, welche als Begleiter von allgemeineren Em-
pfindungen auftreten, und mit den Interjectionen, die doch
nicht völlig von der Sprache auszuschliessen sind, zusammengehören.

Indessen auf diesem Gebiete ist schwerlich mit den Mitteln
der inductiven Sprachforschung etwas Sicheres zu erreichen,
wenn man auch, sobald die Lehre von den Redetheilen ernsthafter in Angriff genommen sein wird, wohl etwas weiter
kommen wird, als wir jetzt sind. Immer wird auch der Erwägung der psychologischen Wahrscheinlichkeit Raum zu
gönnen sein, und somit die ganze Frage einer anders gearteten
und weiter ausgreifenden Diskussion zuzuweisen, als diejenige
ist, welche ich an dieser Stelle vornehmen kann.

c) Die Form der Wurzeln.

Über die Form der Wurzeln sagt Bopp, dass dieselben
ausser dem Gesetz der Einsilbigkeit keiner weiteren Einschränkung unterworfen seien. Derselben Meinung sind
Benfey, Curtius u. a., und Schleicher fügt noch die
Bestimmung hinzu, dass die Wurzel niemals einen Steige-
rungslaut, sondern immer nur den Grundvocal (*i u*) enthalten
dürfe.

Für die durchgängige Einsilbigkeit der Wurzeln wird zunächst ein so zu sagen philosophischer Grund angeführt, den
Adelung so ausdrückt: »Jedes Wurzelwort war ursprünglich
einsilbig, weil der noch rohe Naturmensch seine ganze Vorstel-

lung mit einer Öffnung des Mundes hervordrängte.« Etwas sub-
tiler drückt sich Wilhelm von Humboldt aus: »Man geht
aber auch, wenn man die Frage bloss aus Ideen betrachtet, wohl
nicht zu weit, indem man allgemein annimmt, dass ursprünglich jeder Begriff nur durch eine Silbe bezeichnet wurde. Der
Begriff in der Sprachforschung ist der Eindruck, welchen das
Object, ein äusseres oder inneres, auf den Menschen macht;
und der durch die Lebendigkeit dieses Eindruckes der Brust
entlockte Laut ist das Wort. Auf diesem Wege können nicht
leicht zwei Laute einem Eindruck entsprechen« (angeführt bei
Pott, Wurzeln S. 216). Auf derselben Bahn bewegt sich
Curtius, Chronologie 23, wenn er sagt: »Auch darin befinde
ich mich im Einklang mit den meisten Sprachforschern, dass
ich den Wurzeln Einsilbigkeit beilege. Blitzartig, hat man
gesagt, bricht die einheitliche Vorstellung in einem Lautcom-
plexe durch, der in einem Moment vernehmbar sein müsse.«
Es liegt auf der Hand, dass ein solches Räsonnement, so an-
sprechend es ist, doch nichts Zwingendes haben kann, und
es kommt daher Alles darauf an, ob für die angenommene Einsilbigkeit ein empirischer Beweis zu führen ist. Man findet
eine Wurzel, indem man einem Worte alle Bildungssilben ab-
streift. Wenn sich nun durchweg ergiebt, dass der nach dieser
Operation übrig bleibende Wortkern einsilbig ist, so wäre der
Beweis für die These geliefert. Aber dieser Beweis bewegt
sich in einem Cirkel. Wurzel ist, was nicht Bildungssilbe ist,
und Bildungssilbe, was nicht Wurzel ist, wo aber der Schnitt
zwischen beiden zu machen sei, das zu entscheiden ist Sache
unserer grammatischen Erwägung. Wie nun, wenn diese Erwägung in die Irre ginge, wenn wir z. B. *gamati* er geht, nicht
gam-a-ti sondern *gama-ti* zu theilen, also eine zweisilbige
Wurzel anzunehmen hätten?

Inwieweit die hier angestellte hypothetische Betrachtung
etwa richtig sein könnte, darüber mögen uns vielleicht die
Untersuchungen belehren, welche neuerdings über die Geschichte und Entwickelung der Wurzeln angestellt worden
sind. Ich theile desshalb über diese Untersuchungen das
Nöthige mit.

Es kann nicht bezweifelt werden, dass die Wurzeln,
welche wir (wesentlich nach dem Vorgang der indischen
Grammatiker) als indogermanisch anzusetzen pflegen, nicht
alle auf derselben geschichtlichen Ebene stehen, dass man
vielmehr unter denselben ältere und jüngere Bildungen zu

unterscheiden hat. Bei diesem Versuch hat Pott einen Weg
eingeschlagen, der jetzt (mit Recht wie mir scheint) verlassen
worden ist, indem er annimmt, dass in den Anfangslauten der
Wurzeln häufig Praepositionen oder sonstige Praefixe stecken,
wie er denn z. B. *svād* »Gefallen finden« aus *su ā ad* »gut an
essen« erklärt (vgl. gegen diese Erklärungsweise die Polemik
von Curtius Grundzüge [5], 32 ff.). Die entgegengesetzte
Methode wendet Curtius an, indem er vielfach Endconso-
nanten als neuere Zusätze, sogenannte Wurzeldeterminative
loslöst, also z. B. *judh* kämpfen und *jug* verbinden aus einer
gemeinsamen Urwurzel *ju* herleitet, ohne übrigens über die
Natur und den Ursprung dieserDeterminative etwasBestimmtes
aussagen zu wollen. In Curtius' Fussstapfen ist dann Fick
getreten, der in demjenigen Abschnitte seines Wurzelwörter-
buchs, welches den Titel »Wurzeln und Wurzeldeterminative«
führt, einen sehr umfassenden Versuch der Wurzelzerlegung
unternommen hat.

Er ist dabei zu folgendem allgemeinen Ergebniss gelangt:
»Die Urwurzel kann bestehen 1. aus einem blossen Vocal (*a
i u*), 2. *a*-Vocal + Consonant (*ad, ap, as*), 3. Consonant oder
Doppelconsonant + *a*-Vocal (*da, pa, sa; sta, spa, sna*). Alle
anders oder voller gestalteten Wurzeln sind entweder durch
Lautschwächung (z. B. *ki* aus *ka, gi* aus *ga, tu* aus *ta*) aus den
Urwurzeln entstanden oder durch angetretene Determinative
aus denselben weitergebildet.« Den Beweis für diese Behauptung sucht er empirisch zu führen durch den Nachweis, dass
sämmtliche oder doch beinahe alle Wurzeln, deren Gestalt den
obigen drei Kategorien nicht entspricht, sich ungezwungen
nach Form und Bedeutung auf die jenen drei Gestalten con-
formen Wurzeln zurückführen lassen.

Um zu zeigen, wie es bei dieser Zurückführung zugeht,
führe ich ein Beispiel an:

ka tönen.
ka, ka-n canere tönen, klingen.
ka-k lachen.
ka-t lärmen, schwatzen.
ka-r rufen, nennen.
kar-k, kra-k tönen, lachen, krächzen = *kru-k* dass.
kar-d, kra-d rauschen, tönen.
kra-p lärmen, jammern, jämmerlich sein, vgl. skr. *karuṇa* jämmerlich.
kru hören, vgl. arisch *kra-tu* Einsicht.
(*kru-k* schreien, krähen, krächzen, wohl erst aus *krak* entstanden.

kru-s hören.

ka-s anzeigen, rühmen, loben.

kās husten.

ku schreien, heulen.

ku-k schreien, heulen.

ku-g winseln, zirpen.

ku-d lärmen, schmähen.

Neuerdings hat F i c k (Bezzenberger's Beiträge 1, 1 ff.) diese Theorie erheblich modificirt, indem er in allen den von ihm angenommenen Determinativen nunmehr Reste von Silben sieht. »Sind Formen wie *mak*, *star*, *dam* durch Composition der primären Wurzeln *ma*, *sta*, *da* mit einem zweiten Gliede gebildet, so ist ganz ausser Frage, dass die Produkte dieser Composition ursprünglich *ma-ka*, *sta-ra*, *da-ma* gelautet haben müssen, denn Elemente wie *k r m*, d. h. blosse Consonanten giebt es im Indogermanischen gar nicht, es kann daher auch niemals mit ihnen operirt sein.« Demnach ist F i c k an dieser Stelle der Ansicht, dass, um das oben angeführte Beispiel wieder zu gebrauchen, *gamati* in *gama-ti* zu zerlegen, und *gama* als zweisilbige Secundärwurzel anzusehen sei, welche aus der Urwurzel *ga* mittels Anfügung von *ma* entstanden wäre.

Schon vor F i c k hatte A s c o l i [1]) (in seinen Studj ario-semitici 1865) wesentlich dasselbe Räsonnement angestellt, und ist neuerdings in dem einleitenden Brief über die paläontologischen Reconstructionen der Sprache in seinen Kritischen Studien (Weimar 1878) wieder darauf zurückgekommen. Er drückt sich daselbst u. a. so aus: »Zugleich ergiebt sich, dass sehr viele wurzelhafte Complexe des indo-europäischen Wörterbuchs, statt ihrer alten Bedeutung als wahrer erster Elemente, wahrer Wurzeln als ursprünglicher Monosyllaba treu zu bleiben, eine genaue Analyse gestatten, wodurch sie als Zusammensetzungen eines wirklich ursprünglichen Monosyllabum und eines oder mehrerer hinzukommender Elemente (derivativer, determinirender oder ergänzender Art, wie man es nennen will) nachgewiesen werden, so dass diese anscheinenden Wurzeln in der That Reductionen von zweisilbigen (oder auch dreisilbigen) Aggregaten sind, Reductionen oder Ausschälungen, die in Wirklichkeit nie ein selbständiges Leben hatten, sondern nur durch die Verbindung der alten

---

[1]) Ich habe es nur wegen der Ausgeführtheit der F i c k'schen Darstellung für angemessener erachtet, seine Erörterungen dem Leser zuerst vorzuführen.

Aggregata mit neuen accessorischen Elementen von andrer derivativer oder flexionaler Bedeutung erreicht werden. So ergiebt sich z. B. dass in der Sprache der Arier vor ihrer Trennung zwar der Lautcomplex SKID (schneiden, spalten, lat. *scid-*, zd. *çkid-* u. s. w.) mit *i* bestand, dass aber zugleich positive Nachfolger des gleichbedeutenden SKAD (zd. *çkeñda* u. s. w.) und des ebenfalls gleichbedeutenden SKA (SAK-A; skr. *khā*, lat. *sec-*) vorhanden sind; und wir würden in der That von *skid* auf *ska-da* zurückgehen. Für ‚laufen‘ hatten die Arier vor ihrer Trennung einen Lautcomplex DRAM (skr. *dram*, gr. ὀρεμ-). der jedoch eigentlich DRAMA heisst; DRA tritt auf in dem gleichbedeutenden *drā* des Indischen und Griechischen (ἔ-δρα-ν); ein drittes Synonym, das indische *dru* (*drava-ti*), kann sicherlich sein *u* nicht für ursprünglich ausgeben. Das accessorische Element von DRAM zeigt sich wieder in TRAM (TRA-MA; lat. *trem-* u. s. w.), dessen wahre wurzelhafte Grundlage wieder in der gleichbedeutenden Verbindung TRAS (TRA-SA, skr. *tras*, gr. τρεσ- τρέω) und auch in TRAP (TRA-PA; z. B. im lat. *trepidus*) auftritt. In ähnlicher Weise würden wir für das skr. *kṛt* ‚schneiden‘ (vgl. κείρω) auf KAR-TA (neben KARA) oder für das zd. *çtakh-ra* ‚was Widerstand leistet, fest steht‘ auf STA-KA zurückgehen, und so weiter in unzähligen anderen Fällen.«

Bei der Beurtheilung dieser Anschauungen wird man Folgendes festzuhalten haben: Durch die Existenz von *jug* neben *ju*, *dram* neben *drā* u. s. w. ist in der That der Gedanke nahe gelegt, dass Wurzeln durch das Hintenantreten neuer Elemente weitergebildet worden sind. Dass diese Elemente ursprünglich nicht aus einzelnen Buchstaben, sondern aus Silben bestanden haben, ist ebenfalls eine sehr natürliche Annahme. Es ist also gegen die Vermuthung. dass neben den einsilbigen Wurzeln auch zweisilbige bestanden haben mögen, im Allgemeinen nichts einzuwenden.

Im Einzelnen freilich ergeben sich grosse Schwierigkeiten. So kann man z. B. verschiedener Meinung darüber sein, wie man das zweite *a* in dem indischen Präsens *gamati* auffassen soll. Soll man annehmen, dass *gama* in *gamati* die uralte zweisilbige Wurzelform sei, oder ist aus *gama* in der vorflexivischen Periode bereits *gam* geworden, und daraus das Präsens *gam-a-ti* abgeleitet, mit einem Suffix *a*? Am meisten Schwierigkeit macht, wie mir scheint. die Bedeutung. Soll man wirklich annehmen können, dass die ältesten Wurzeln eine so allgemeine und

blasse Bedeutung gehabt hätten, wie »tönen«? Spricht nicht
vielmehr alles dafür, dass so sinnenfällige Erscheinungen wie
rauschen, singen, lachen u. s. w. (deren Bezeichnungen F i c k
erst aus der Bezeichnung für tönen ableitet) zuerst sprachlichen
Ausdruck gefunden haben?

Doch es ist nicht meine Absicht, hier näher auf diese erst
in den allerersten Anfängen befindlichen Untersuchungen einzugehen. Ich wollte nur zeigen, durch welches Räsonnement
ein moderner Sprachforscher dahin gelangen kann, neben einsilbigen Wurzeln auch zweisilbige anzusetzen.

Ich habe endlich noch ein Wort über die S c h l e i c h e r -
sche Ansicht von dem Vocal in der Wurzel zu sagen. Wir
haben von den indischen Grammatikern die Anschauung über-
kommen, dass aus den Grundvocalen *i* und *u* durch Steigerung
Diphthonge gebildet werden können, und sind ihnen früher
meist auch darin gefolgt, dass wir den Wurzeln die einfachen Vocale beilegen, also *i* (gehen) und nicht *ei*, *ruk* (leuchten) und nicht
reuk schreiben. Dabei ergiebt sich aber eine Schwierigkeit.
Wenn wir aus dem Präsens *eimi imás* die Wurzel *i* auszuziehen,
so müssten wir für *ásmi smás* consequenter Weise eine Wurzel
s aufstellen (vgl. B e g e m a n n, Das schwache Praeteritum,
Berlin 1873, IX ff.). Nun sind zwar Wurzelformen wie *s*, *pt*,
bhs gewiss schon in den Wörtern der Ursprache erschienen
(vgl. B r u g m a n, Morphol. Untersuchungen I, 11), dass sie
aber schon in der Wurzelperiode als selbständige Sprachele-
mente vorhanden gewesen seien, ist nicht glaublich. Man wird
vielmehr für die Wurzelperiode keine anderen Formen aufstellen können als *es*, *pet* u. s. w. und folglich nicht *i*, sondern *ei*. Damit müsste denn die bisherige Auffassung der Vocalsteigerung umgekehrt werden, und das ist in der That auch
von mehreren Gelehrten geschehen (vgl. P a u l und B r a u n e,
Beiträge 6, 408). Doch mangelt noch eine systematische Darstellung. Für unseren Zweck ergiebt sich mindestens die Folgerung, dass die S c h l e i c h e r'sche Ansicht über den Wurzelvocal nicht als ein nothwendiges und für immer feststehendes
Resultat gelten kann.

So viel über die Form der Wurzeln. Als den wichtigsten
Gesichtspunkt möge der Leser dabei folgenden festhalten:
Gegeben sind nur Wörter. Wir ziehen aus ihnen die Wurzeln
mittels grammatischer Operationen. In diesen aber können
wir irren, und die Meinungen über das, was richtig und was
falsch ist, können wechseln. Es steht also mit der Form der

Wurzeln gerade so wie mit der Form der Worte in der
Schleicher'schen Ursprache. Dass einst vor der Flexion
sogenannte Wurzeln die Wörter der Ursprache gewesen sind,
steht fest, wenn überhaupt die ganze Bopp'sche Analyse Bestand hat, an der Form aber, welche man der einzelnen Wurzel
giebt, zeigt sich nichts, als die Meinung der Gelehrten über
die Art, wie die überlieferten Wörter der indogermanischen
Sprachen zu zerlegen sind.

II. Das Nomen.

a) Die Stammbildungssuffixe.

Im Indogermanischen giebt es bekanntlich Nominalfor-
men, die entstehen, indem das Casuszeichen unmittelbar an
die Wurzel tritt, so z. B. *duc-s*, während die Mehrzahl zwischen Wurzel und Casuszeichen noch gewisse Elemente zeigt,
die wir Stammbildungssuffixe nennen. Dieselben bestehen
bald aus einem einfachen Vocal, bald aus einem Consonanten
und einem Vocal wie *ta*, *na*, *ra*, oder auch aus einem Vocal
und einem Consonanten, wie *as*, oder sie sind von vollerer
Gestalt, wie *tar*, *tama*, *mant* u. s. w. Über die aus blossem *a*,
i oder *u* bestehenden Suffixe urtheilte Bopp anfänglich noch
schüchtern und mit Anklängen an die Schlegel'sche Auffassung, indem er sich in einer akademischen Abhandlung
vom 28. Juli 1831 (S. 15) so äusserte: »Der dünne Körper derselben lässt bei den Verbalwurzeln, die sie zu Wörtern machen,
in das Leben einführen und mit Persönlichkeit bekleiden, die
uralte Zusammensetzung am leichtesten übersehen. Man mag
vorziehen, jene Laute gleichsam als die Füsse anzusehen, die
einer Wurzel beigegeben oder angewachsen sind, damit sie
sich in der Declination darauf bewegen könne; man mag sie
auch als geistige Emanationen der Wurzel ansehen, die, man
braucht nicht zu bestimmen wie, aus dem Schoosse der
Wurzeln hervorgetreten, und nur einen Schein von Individua-
lität haben, an sich aber Eins mit der Wurzel oder nur ihre
organisch entfaltete Blüthe oder Frucht seien. Mir scheint
aber die einfachste und durch die Genesis anderer Sprach-
stämme[1] unterstützte Erklärung den Vorzug zu verdienen;

---

[1] Vorher (S. 14) war namentlich das semitische zur Vergleichung
herbeigezogen.

und da nichts natürlicher ist, als dass im Ganzen die Wortbildung, wie überhaupt die Grammatik, auf der Verbindung
von Bedeutsamem mit Bedeutsamem beruht, so scheint es mir
kaum dem Zweifel unterworfen, dass das *a z. B.* in दम् *dam-a*
bändigend, Bändiger darum stehe, um die Person zu vertreten, welche das was die Wurzel दम् *dam* bezeichnet, an
sich trägt oder ausübt; दम् *dam-a* ist also gleichsam eine dritte
Person des Verbums, im nominalen, substantiven oder adjec-
tiven Zustande', unabhängig von Zeitbestimmungen.« Mit
grösserer Sicherheit wird — wie schon bemerkt — diese
Theorie in der vergleichenden Grammatik vorgetragen, und
daselbst überhaupt [die Majorität der Stammbildungssuffixe
aus Pronominibus abgeleitet, während für einen Theil (z. B.
-*tar*) die Zurückführung auf prädicative Wurzeln unternommen
wird. Der Meinung Bopp's schliesst sich im Wesentlichen
Pott an (Etym. Forschungen, 1. Aufl., II, 454 ff.). Schleicher und Curtius weichen insofern ab, als sie die Herleitung aus prädicativen Wurzeln aufgeben, also z. B. *tar* aus
den zwei Pronominalwurzeln *ta* und *ra* deuten möchten (vgl.
auch Kuhn in seiner Zeitschrift 14, 229). Dagegen hat sich
Scherer wieder der prädicativen Wurzeln angenommen, ja
er möchte dieser Art von Ableitung einen erheblich grösseren
Spielraum gewähren, als Bopp that, wie er denn z. B. es für
möglich hält, das Suffix *va* mit der Wurzel *av* »sich sättigen«,
»erfüllen« in Zusammenhang zu bringen.
     Dass man sich bei dem Versuch, die Stammbildungssuffixe
zu erklären, an die beiden Bopp'schen Wurzelclassen oder an
eine derselben wendete, ist für die Anhänger der Bopp'schen
Agglutinationstheorie selbstverständlich. Ich muss aber (im
Einverständniss mit Scherer) gestehen, dass ich mir nur
die Herleitung von Suffixen aus prädicativen Wurzeln recht
anschaulich machen kann, da wir für diese Herleitung die
treffliche Analogie unserer deutschen Suffixe -*bar* -*heit* -*thum*
zur Verfügung haben. Für die Annahme, dass in vielen Suffixen Pronomina stecken, spricht freilich die formelle Gleichheit oder Ähnlichkeit derselben mit Pronominalwurzeln, aber es
ist schwer das geistige Band aufzufinden. Man kann sagen,
das Pronomen bedeute die Person oder das Ding im Allgemeinen, welches dann [durch die vorgetretene prädicative
Wurzel näher bestimmt werde (so Windisch in Curtius'
Studien 2, 102) oder das Pronomen weise wie ein Artikel auf
das schon fertige Wort hin (so Curtius in seiner Chronol.): —

immer wird man darüber befremdet sein müssen, dass so viele
Suffixe in ungefähr gleicher Bedeutung neben einander er-
scheinen, und dass sich so gar nichts von dem specifischen
Sinne der Pronomina in den Suffixen entdecken lassen will.

Unter diesen Umständen ist es nicht zu verwundern, dass
Versuche zu anderweitiger Erklärung der Stammbildungssuffixe gemacht worden sind, so von Benfey, und mit Beschränkung auf einige Suffixgestalten von Scherer und
Fick.

Benfey hat seine Theorie an verschiedenen Orten vorgetragen, in seinen Abhandlungen in der Kieler Monatsschrift
vom Jahre 1854, in seiner kurzen Sanskritgrammatik, in seiner
Zeitschrift Orient und Occident an verschiedenen Stellen, am
kürzesten und übersichtlichsten in einem Aufsatz im neunten
Bande von Kuhns Zeitschrift: »Ein Abschnitt aus meiner
Vorlesung über vergleichende Grammatik der indogermanischen Sprachen«. Wie sich die Theorie praktisch verwerthen
lässt, ersieht man am bequemsten aus Leo Meyer's vergleichender Grammatik der griechischen und lateinischen Sprache,
zweiter Band, Berlin 1865.

Diese Benfey'sche Theorie (an welcher übrigens auch
Ebel und A. Kuhn einigen Antheil haben) lässt sich folgendermassen zusammenfassen. Die in den überlieferten Sprachen
so höchst mannichfach gestalteten Suffixe sind nicht von Anfang an verschieden gewesen, es lässt sich vielmehr sehr wahrscheinlich machen, dass sie alle oder doch fast alle aus der
einen Grundform *ant* abzuleiten sind, welche in dem Participium praesentis activi erscheint. Dieses *ant* selber aber ist aus
der dritten Person Pluralis auf *anti* metamorphosirt. Also aus
bharanti sie tragen ist *bharant-* tragend entstanden, daraus
bhara- der Träger u. s. w. Denn das ursprüngliche *ant* hat
eine grosse Reihe von lautlichen Veränderungen erfahren, indem *ant* sich zu *at* schwächte, zu *an* und weiter zu *a* abstumpfte,
at in *as*, *an* in *ar* umlautete, *a* sich in *i* verwandelte, und so
Stämme auf *it* in *is* entstanden, ferner durch Hinzutritt »des
pronominalen Themas *a*« *anta ata ana ara asa isa* hervorgingen
u. s. w., u. s. w. Auch die Suffixe, welche vorn ein *v* oder *m*
zeigen, wie *vant* und *mant* gehören vielleicht ihrem Ursprunge
nach ebendahin. Denn vielleicht ist auch *vant* aus einer dritten
Person plur. *vanti* hervorgegangen, welche zu einem Perfectum
mit *v* gehört. Dieses Perfectum mit *v* aber ist zusammengesetzt mit *bhū* sein, und das *v* der letzte Rest von *babhūva*.

Das Suffix *mant* seinerseits soll aus *tmant* entstanden sein,
und dieses aus *tvant; tvant* selbst aber ist vielleicht ein Participium von *tu* »stark sein« (vgl. B e n f e y, Kurze Sanskritgrammatik § 366 Bem. S. 212). Dieses *tvant* hat sich dann im
Laufe der Zeit verschiedentlich differenziert, so dass es sich
einerseits zu *tva*, andererseits zu *māna* entwickelte.
Wären nun alle diese Behauptungen erweislich, und also
alle oder fast alle Suffixe auf *ant* zurückgebracht, welches
seinerseits aus der dritten Person plur. *anti* herstammt, so
wäre damit zugleich der Beweis geliefert, dass alle Nomina
aus Verbis herstammen und also die oben (S. 77) erwähnte
Hypothese von den »primären Verben« gerechtfertigt.

Gegen die hiermit skizzierte Theorie sprechen nun aber
gewichtige Gründe, namentlich die folgenden:

Erstens: Es lässt sich in keiner Weise deutlich machen,
wie das Participium aus der dritten Person des Plurals entstanden sein soll. Eher liesse sich das Umgekehrte begreifen
(siehe darüber unten S. 97).

Zweitens: Bei den Verwandlungen der Suffixe werden
Lautvorgänge angenommen, die sich sonst nicht nachweisen
lassen. Namentlich ist auch die Annahme bedenklich, dass
unter gleichen Verhältnissen eine Form sich zu gänzlich verschiedenen Gestaltungen entwickelt haben soll, wie z. B. *tvant*
zu *tva* einerseits und *māna* andererseits.

Drittens: Wenn alle Nomina schliesslich auf Bildungen
mit *ant* zurückgehen, so muss man annehmen, dass die in der
ältesten indischen Literatur so häufigen suffixlosen Nomina
wie *dvish ud* u. s. w. einst Suffixe gehabt und sie dann (natürlich schon in uralter Zeit) verloren haben. Benfey macht
auch diese Annahme, sie kann aber, so viel ich sehe, durch
nichts Anderes gestützt werden, als eben durch das Bedürfniss
des Systems. Endlich muss noch darauf hingewiesen werden,
dass schliesslich doch nicht alle Suffixe sich aus *ant* herleiten
lassen, und Benfey selbst gelegentlich von Pronominibus
als einer Quelle der Suffixe Gebrauch machen muss.[1]) Ich
kann aus diesen Gründen der Benfey'schen Ansicht nicht
zustimmen, es versteht sich aber von selbst, dass mit der
Zurückweisung der Hypothese als eines Ganzen nicht auch
jede Herleitung eines Suffixes aus dem andern abgelehnt sein

---

[1]) Eine eingehende Kritik der Benfey'schen Ansicht, mit welcher
die obigen Andeutungen übereinstimmen, findet man bei Zimmer, Die
Nominalsuffixe *a* und *ā* (Strassburg 1876).

soll. Ob eine solche anzunehmen sei, muss bei jedem einzelnen Falle besonders erwogen werden.

Scherer, dessen allgemeine Anschauungen über Suffixe schon erwähnt wurden, hat für eine Anzahl von Suffixen die Hypothese aufgestellt, dass sie eigentlich Zeichen des Localis, also die mittels derselben gebildeten Stämme Locale seien. So äussert er über das Suffix *a* Folgendes: »Wenn man sagt, *a* verleihe der Wurzel den substantiellen Sinn, es sei das allgemeine Das oder in Bezug auf Personen das allgemeine Er, so bewegt man sich in einer schwindelnden Höhe der Abstraction, auf die ich nicht zu folgen vermag. Alle meine Begriffe von Sprache sträuben sich dagegen. Ich halte das *a* der Stammbildung für nichts anderes als das *a* der Wortbildung, will sagen: der Declination. Wir kennen seine locativische Bedeutung und präpositionale Verwendung, die vom Sinne der Verbindung mit Etwas ausgeht. Wie kann aber am einfachsten und sinnlichsten der Besitzer oder Vollbringer einer Eigenschaft, eines Zustandes, einer Handlung ausgedrückt werden? Wie anders als wenn gesagt wird, er befinde sich in dieser Eigenschaft, diesem Zustande, dieser Handlung, er sei mit ihnen verbunden« (ZGDS.[1], 331).

Dagegen möchte ich einwenden, dass bei dieser Auffassung der Träger der Handlung, der Besitzer oder Vollbringer der Eigenschaft doch eigentlich gar nicht ausgedrückt wird (denn ein *bhar-a* würde danach wohl bedeuten »im Tragen« aber nicht e i n e r, der im Tragen ist), vor allen Dingen aber, dass ich mit K u h n (in seiner Zeitschrift 18, 365 ff.) überzeugt bin, dass sich ein locativisches Suffix *a*, wie S c h e r e r es annimmt, nicht nachweisen lässt, wie ich denn überhaupt nicht finden kann, dass S c h e r e r die Priorität der Declination vor der Stammbildung wahrscheinlich gemacht habe, und also die Erklärung eines Stammbildungs-Suffixes aus einem Localis anzunehmen nicht im Stande bin.

F i c k endlich (der hier als dritter zu erwähnen ist) hat in einem Aufsatz in B e z z e n b e r g e r's Beiträgen (1, 1 ff.) die Existenz eines Suffixes *a* überhaupt bestritten. Er geht von der Annahme aus, dass diejenigen Stämme, denen man bisher das Suffix *a* zuschrieb, im Grunde identisch seien mit gewissen Präsensstämmen, wie z. B. δόμο-ς mit dem Präsensstamme δεμο- in δέμομεν. Diese Präsensstämme nun zerlegt er, gemäss seiner oben besprochenen Wurzeltheorie anders als bisher meist geschehen war, nämlich δεμο- nicht in δεμ-ο, sondern δε-μο, indogermanisch *da-ma*, und hält sich also, indem er überall eine ähnliche Zerlegung durchführt, für überzeugt, dass ein normales Stammbildungssuffix *a* niemals existirt habe. Indessen stösst diese Folgerung auf die grössten Schwierigkeiten. Man erwäge namentlich die folgende: Soll man wirklich die Wurzel *av* erquicken, *as* sein, *an* athmen, *am* bedrängen und eine Reihe anderer von gleicher Bildung in *a-va* u. s. w. zerlegen und als Grundlage derselben, mithin als einfachste Wurzelgestalt, *a* annehmen? Unter dieser Voraussetzung würde die älteste Sprache doch kaum mehr als verständlich bezeichnet werden können. Wenn die F i c k ' sche Methode mathematisch sicher wäre, so würde man freilich nicht umhin können, dies sonderbare Resultat sich gefallen zu lassen, wie es B e z z e n b e r g e r thut (Gött. Gel. Anz. 1879 Stück 18, S. 558); im vorliegenden Falle aber liegt die Sache vielmehr so, dass man durch ein so unannehmbares Resultat an der Richtigkeit der Methode irre werden muss. Ich kann mich also nicht dazu entschliessen, dem Element *a* den Namen eines Suffixes vorzuenthalten, und bemerke noch, dass, wie sich weiter unten zeigen wird, auch das Auftreten des *a* in der Tempusbildung nicht genügt, ihm die Qualität eines Nominalsuffixes abzusprechen.

Demnach muss ich bekennen, dass ich keiner der angeführten Theorien mehr Geschmack abgewinnen kann als der B o p p 'schen. Ob es freilich auf diesem Gebiete überhaupt gelingen wird, zu mehr als einer gewissen Wahrscheinlichkeit zu gelangen, lässt sich billig bezweifeln.

Zum Schluss will ich nicht unterlassen, ausdrücklich zu bemerken, dass es mit der Realität der Stämme in den Einzelsprachen gerade so steht, wie mit der Realität der Wurzeln. Stämme hat es nur in der Grundsprache vor Entwickelung der Casus geben können. Wenn wir trotzdem griechische, lateinische u. s. w. Nominalstämme aufstellen, so geschieht das lediglich aus praktischen Rücksichten.

b) Die Casusbildung.

Wenn man bei der Betrachtung der indogermanischen Casus sich der Analogie der Declination in den finnisch-tatarischen Sprachen bedient, so kommt man leicht zu zwei Voraussetzungen, die sich überdies durch ihre Natürlichkeit zu empfehlen scheinen, den Voraussetzungen nämlich, dass einst

auch im Indogermanischen jeder Casus in allen Numeris nur
ein und dasselbe Zeichen hatte, und dass ein allgemeines Pluralzeichen vorhanden war. Indessen will es nicht gelingen,
die Richtigkeit dieser beiden Voraussetzungen (von denen sich
bewusst oder unbewusst mehrere Gelehrte bei ihren Versuchen
die Casussuffixe zu erklären, haben leiten lassen) an den in
den indogermanischen Sprachen factisch vorhandenen Casussuffixen zu erhärten. Wir finden nicht nur die verschiedensten
Zeichen für den gleichen Casus in den verschiedenen Numeris
(z. B. im Gen. Sing. *as* und *sja* und im Plur. *ām*), sondern
auch in denselben Numeris sind verschiedene Zeichen für
einen Casus vorhanden (z. B. im Loc. Sing.), und S c h l e i -
c h e r hat trotz aller Anstrengungen keineswegs das einst-
malige Vorhandensein des pluralischen *s* in allen Casus des
Plurals constatieren können. Dass auf der anderen Seite
Einiges zu Gunsten der beiden oben bezeichneten Voraussetzungen spricht, lässt sich nicht verkennen, und es liegt also
nahe, zu vermuthen, dass die ursprüngliche Gestaltung der
indogermanischen Declination bis zur Unkenntlichkeit verschoben worden sei. Gründe für eine solche Verschiebung
würden sich leicht darbieten. Es ist nämlich mehr als wahrscheinlich, dass ursprünglich im Indogermanischen erheblich
mehr Casus vorhanden waren als diejenigen, welche wir jetzt
in der Nominaldeclination des Sanskrit finden, und es wäre
also möglich, dass, wo wir jetzt mehrere Endungen e i n e s
Casus zu erblicken glauben, ursprünglich wirklich mehrere
Casus vorhanden waren, und dass solche Endungen verloren
gegangen sind, welche zu den uns erhaltenen die vermissten
Parallelen liefern würden.

Bei einer so hoffnungslosen Lage der Dinge halte ich es
nicht für richtig, auf das Detail der versuchten Erklärungen
einzugehen, sondern will mich begnügen, die beiden Haupt-
richtungen, welche bei der Erklärung eingeschlagen werden
können, kurz anzugeben. Man kann e n t w e d e r annehmen,
die Casussuffixe seien von vornherein zu dem Zwecke angefügt
worden, um etwas den jetzigen Casus Ähnliches zu bezeichnen, und sieht dann in ihnen pronominale oder pronominale
und präpositionale Elemente, o d e r man nimmt an, dass
Stammbildungssuffixe zu Casussuffixen sich entwickelt haben,
so dass z. B. der Genitiv auf *-sja* nichts wäre als ein Stamm
in adjectivischer Verwendung. Diese letztere Meinung äussert
für einige Casus C u r t i u s, für die Majorität A b e l B e r -

g a i g n e (Mém. de la soc. de linguistique 2, 358 ff.), für alle
L u d w i g.

Ich sehe nicht ein, was sich principiell dagegen einwenden liesse, wenn man beiden Ansichten einen gewissen Spielraum gewährte (wie es C u r t i u s thut), aber die Unsicherheit
ist hier überall so gross, dass ich bei öfter wiederholter Erwägung der ganzen Frage (auf die ich bei syntaktischen Arbeiten
immer wieder geführt worden bin) zu nichts Anderem als
einem sich stets aufdrängenden non liquet gekommen bin.

III. Das Verbum.

Bei der hier anzustellenden Betrachtung handelt es sich
natürlich nicht um den Versuch einer Entstehungsgeschichte
des Verbalsystems (wesshalb hier vieles von Dem unerörtert
bleiben kann, was in C u r t i u s' Chronologie und neuerdings
in meinen Grundlagen der griechischen Syntax — Synt.
Forsch. IV — erörtert worden ist) sondern nur um die Frage,
inwieweit sich beim Verbum die Agglutinationstheorie durchführen lasse. Ich werde desshalb nur handeln a) von den
Tempusstämmen, b) von den Modusstämmen, c) von den Personalendungen.

a) Die Tempusstämme.

Unter den Tempusstämmen kommen zuerst die mannich-
fachen Formen des P r ä s e n s s t a m m e s in Betracht.

Über die für die Präsensstämme bezeichnenden Silben
äusserte sich B o p p im Conjugationssystem S. 61 so: »Im
Griechischen werden, wie im Sanskrit, gewisse zufällige Buchstaben den Wurzeln angehängt, die wie im Indischen nur in
einigen temp. beibehalten werden, und in den übrigen wieder
verschwinden. Man könnte, wie im Sanskrit, die Zeitwörter
nach denselben in verschiedene Conjugationen eintheilen,
welche dann mit den indischen in ihren Merkmalen grösstentheils übereinstimmen würden.« Diesen Worten gegenüber bezeichnet das was B o p p Vgl. Gr. §. 495 äussert einen grossen
Fortschritt. Die betreffende Stelle lautet dort so: »Es ist kaum
möglich, etwas Zuverlässiges über den Ursprung dieser Silben
zu sagen. Am wahrscheinlichsten ist mir, dass die meisten
derselben Pronomina sind, wodurch die in der Wurzel in ab-
stracto ausgedrückte Handlung oder Eigenschaft zu etwas

Concretem, z. B. der Ausdruck des Begriffs l i e b e n zum Ausdruck der Person wird, welche liebt. Diese Person aber wird durch die Personalendung näher bestimmt, ob sie i c h d u oder e r sei.« Es ist damit schon angedeutet, was dann B e n f e y und K u h n in Bezug auf den Präsensstamm mit *nu* ausgesprochen haben, nämlich dass derselbe eigentlich ein Nominalstamm sei, also z. B. der Präsensstamm *dhṛishṇu* in *dhṛishṇumás* »wir wagen« nichts anderes als das Adjectivum *dhṛishṇús* »kühn«. Diese Erklärung ist dann auch auf andere Präsensstämme ausgedehnt worden, namentlich auf diejenigen, welche auf ein *a* endigen. Man erblickt nach dieser Lehre in dem ο/ε von λέγο-μεν λέγε-τε φεύγο-μεν φεύγε-τε nicht einen Bindevocal, der aus lautlichen Gründen eingeschoben sein, oder (wie P o t t annahm) die Copula darstellen soll, 'sondern das Nominalsuffix *a*, von dem oben die Rede war. Ob die gleiche Auffassung für alle Präsensstämme gelten soll, darüber herrscht keine Einigkeit. So sieht C u r t i u s in dem Präsenszeichen *ja* das Verbum *jā* gehen, andere das Nominalsuffix *ia* (vgl. B r u g m a n Zur Geschichte der präsensstammbildenden Suffixe in den Sprachw. Abhandl. Leipzig 1874). Jedenfalls aber wären hiernach die überwiegende Anzahl der Präsensstämme eigentlich Nominalstämme, an welche die Personalendungen wie an Wurzeln angefügt wären, so dass z. B. in ἄγο-μεν dasselbe Element steckte wie in ἀγό-ς Treiber und ein ursprüngliches *ageti* also eigentlich bedeutete : »er ist Treiber«.

Gegen diese Ansicht ist F i c k in zwei Aufsätzen im ersten Bande von B e z z e n b e r g e r's Beiträgen aufgetreten, deren einer schon oben erwähnt worden ist. Er constatiert zunächst, dass Nominalstämme und Tempusstämme vielfach übereinstimmen (wobei er freilich den Vocalunterschied, wie er z.B. zwischen δόμο-ς und δέμο-μεν vorliegt,welcher sicher in dieUrsprache zurückgeht, damals noch vernachlässigte) und schliesst daraus, dass es unerlaubt sei, in solchen Fällen von besonderen Nominalsuffixen zu reden. Nun lässt sich freilich aus der blossen Thatsache der Gleichheit von Nominal- und Tempusstämmen dieser Schluss noch nicht ziehen, denn die Gleichheit kann ja auch so entstanden sein, dass der selbständig gebildete Nominalstamm später dem Tempussystem angegliedert wäre, aber diese Gleichheit ist auch nicht F i c k's einziger Anlass für die Bekämpfung gewisser nominaler Stammbildungssuffixe. Es scheint vielmehr bei ihm ausserdem noch die Vorstellung wirksam zu sein, dass die Tempusstämme stets das prius seien.

Ich sage »es scheint«, weil er sich, soviel ich sehe, nicht deutlich über diesen Punkt ausgesprochen hat, aber es finden sich eine Reihe dahin zielender Andeutungen, z. B. die folgende: »ἔρος μάχη βοσκός sind gar nichts als die nominal gebrauchten Verbalformen«, oder: »der Nachweis, dass die sogenannten nominalen a-Stämme mit verbalen a-Stämmen identisch sind«, wobei darauf zu achten ist, dass nur die nominalen Stämme, die Fick überhaupt mit einer gewissen Ironie behandelt, das Epitheton »sogenannt« erhalten. Ferner spricht er von nominaler Umfärbung des ε zu ο (S. 14), findet also in dem Vocal des Verbums das Ursprüngliche u. s. w. Sind nun die Verbalstämme das prius, so entsteht natürlich die Frage, woher denn bei dem Verbum diese Elemente stammen, welche den Namen Suffix nicht mehr erhalten sollen. Für das Suffix a hat Fick den oben (S. 81) besprochenen Versuch gemacht, für ia aber (das in dem zweiten Aufsatz behandelt ist) fehlt ein solcher. Man wird also, ehe man über Fick's nunmehrige Anschauungsweise ein abschliessendes Urtheil fällen kann, abzuwarten haben, bis er seine Darstellung nach dieser Richtung hin vervollständigt.

Nach dem gegenwärtigen Stande der Untersuchung scheint mir die Sache so zu liegen: dass die Prototypen gewisser Tempusstämme und gewisser Nominalstämme dieselben sind, lehrt der Augenschein. Ob man nun annehmen soll, dass diese Prototypen weder verbalen noch nominalen Charakter hatten, also einen Sinn, wie wir ihn den Wurzeln zuschreiben (was Schleicher's Meinung ist) oder ursprünglich Nomina waren, die sich in das Verbalsystem einfügten, oder Verbalstämme, die nominal gebraucht wurden — diese Frage wird ein jeder nach der Vorstellung beurtheilen, die er sich von der Entwickelung der indogermanischen Flexion gebildet hat.

Ich komme zum Aorist und Futurum.

Wie oben gezeigt worden ist, wurde Bopp hauptsächlich durch einen scholastischen Irrthum betreffend die drei Redetheile zu seiner Hypothese geführt, dass in dem s-Aorist und dem Futurum die Wurzel as stecke. Die Herkunft der Hypothese kann also für ihre Richtigkeit nicht in die Schranken treten. Versuchen wir nunmehr zu ermitteln, ob sich etwa noch andere Gründe für dieselbe beibringen lassen.

Bopp findet einen solchen in dem Umstand, dass in einer Form des Sanskritaorists das s auch doppelt erscheint, z. B.

in *ájāsisham* von *jū* gehen, wodurch allerdings die Annahme, dass das *s* einem Verbum angehöre, empfohlen würde. Gegen diese Ansicht wendet Brugman (Curtius Studien 9, 312) ein, erstens dass man nicht recht einsehe, wozu hier die Reduplication dienen solle, und zweitens, dass sich von den Formen des Sanskrit aus eine leichtere und natürlichere Erklärung darbiete. Es giebt im Sanskrit die Aoriste *ájāsam ájāsīs ájāsīt* und *ávedisham ávedīs ávedīt*. Ist es nicht sehr natürlich, dass sich nach Analogie von *ávedisham* zu *ájāsīs* die erste Person *ájāsisham* bildete? Diese Vermuthung sei besonders desshalb wahrscheinlich, weil dieser Aorist nur im Sanskrit nachgewiesen sei. Ist diese Ansicht Brugman's richtig (was Bezzenberger Beiträge 3, 159 Anm. bestreitet — vgl. dagegen Brugman Morph. Unters. 3, 83 Anm. —) so folgt daraus, dass die Form *ájāsisham* für die Hypothese von der verbalen Herkunft des Aorist-*s* nicht in die Wagschale fällt.

Dagegen wird man nicht leugnen können, dass die Bopp'sche Hypothese einige innere Wahrscheinlichkeit für sich hat. Denn die Annahme, dass neben der directen Flexion eines Verbums auch die indirecte durch Anhängung von Formen des Hilfsverbums *as* vollzogene gebraucht werden konnte, liegt sehr nahe (Über den Sinn und die Art der Zusammensetzung können dabei noch verschiedene Ansichten bestehen, vgl. Curtius Chronologie 55 und 64).

Beweisen lässt sich allerdings diese Annahme nicht, und es darf daher nicht Wunder nehmen, dass ihr auch eine andere entgegengestellt worden ist, nämlich von Ascoli (vgl. Curtius a. a. O. und Kuhn's Zeitschrift 16, 148) welcher der Meinung ist, dass der Aoriststamm vielleicht ebenso gut wie die oben (S. 92) besprochenen Präsensstämme nominaler Natur sei. Es finden sich aber bei dem Aoriststamme keineswegs so plausible Anknüpfungspunkte, wie bei den Präsensstämmen, und mir erscheint desshalb diese Vermuthung weniger wahrscheinlich. Mit dem Futurstamm verhält es sich mutatis mutandis ebenso wie mit dem Aoriststamm.

b) Die Modusstämme.

Johannes Schmidt hat in Kuhn's Zeitschrift (24, 303 ff.) nachgewiesen, dass das Zeichen des Optativs im Indogermanischen *iā* und *ī* war, und zwar *iā* überall, wo diese

Silbe den Hochton hat, *i* wo das nicht der Fall ist. Man wird demnach anzunehmen haben, dass *iā* die ursprüngliche Form des Moduselementes ist und *i* daraus zusammengezogen. Kann nun dieses *iā* mit dem indischen Verbum *jā* gleichgesetzt werden? Gegen diese Ansicht, welche im Wesentlichen die Bopp'sche ist, spricht ein erhebliches (auch von Schmidt hervorgehobenes) Bedenken des Sinnes. Es lässt sich nämlich wohl die erste Person auf diese Weise erklären, aber nicht die zweite und dritte, also z. B. *hanjās* kann (so scheint es) unter dieser Voraussetzung nur heissen: du wünschest zu tödten, aber nicht, was es doch in der That bedeutet: ich wünsche dass du tödtest. Indessen ist doch die Frage, ob man an dieser Schwierigkeit die ganze Hypothese scheitern lassen soll. Man könnte ja vielleicht annehmen, dass die Bedeutung der ersten Person auf die der zweiten und dritten eingewirkt habe, oder man könnte auch andrerseits die Futurbedeutung als die ursprüngliche annehmen, und aus dieser den Wunsch ableiten (vgl. Synt. Forsch. 4, 115 ff.). Indem ich mir die nochmalige Erörterung dieser schwierigen Frage für eine andere Gelegenheit erspare, begnüge ich mich, an dieser Stelle verschiedene Möglichkeiten der Auffassung angedeutet zu haben.

Was den Conjunctiv betrifft, dessen Zeichen bekanntlich *a* ist, so sieht Scherer in dem *a* von *hanati* »er soll tödten« jenes *a*, in welchem er ein Locativsuffix erkennt. Dem Sinne des Conjunctivs würde eine solche Auffassung allerdings entsprechen (denn *hana* würde dann soviel bedeuten als »zum Tödten«) aber ich kann wie schon bemerkt (S. 89) nicht zugeben, dass ein Locativsuffix *a* im Indogermanischen vorhanden war. Somit kann der Scherer'sche Versuch nicht dazu dienen, die Auffassung von Curtius zu discreditieren, wonach der Conjunctiv seiner Form nach nichts anderes sein soll als ein Indicativ, also der Conjunctiv *hanati* keine andere Bildung als der Indicativ *bharati*. Den Sinn solcher Indicative fasst Curtius als ursprünglich durativ auf, und sucht daraus den Begriff des Conjunctivs abzuleiten, worin ich ihm Synt. Forsch. I beigestimmt habe. Ich gebe aber jetzt zu, dass eine solche Bedeutungsvermittelung nichts Zwingendes hat, und ich möchte deshalb darauf die Ableitung des Conjunctivs aus dem Indicativ nicht gründen, aber die äusserliche Gleichheit von Formen wie *hanati* und *bharati* scheint mir auch jetzt noch sehr entschieden dazu zu rathen, dass man für sie ursprüngliche Identität annimmt. Den Conj. mit $\bar{a}$ möchte ich mit **Curtius** als eine Art von Analogiebildung ansehen. Hinsichtlich der Vertheilung der Bedeutung über die Personen besteht bei dem Conjunctiv dieselbe Schwierigkeit wie bei dem Optativ.

c) Die Personalendungen.

Die Annahme, dass in den Personalendungen des Verbums Pronomina stecken, habe ich oben (S. 70 ff.) als wahrscheinlich bezeichnet, und gehe nun hier auf die Frage ob Agglutination oder nicht, nicht noch einmal ein, sondern hebe nur hervor, was im Rahmen der Agglutinationstheorie erörterungswerth scheint.

Zunächst ist hervorzuheben, dass nicht von allen denjenigen Gelehrten, welche die Affigierung im Grossen und Ganzen für wahrscheinlich halten, dieselbe auch für alle Personen zugegeben wird. Namentlich besteht Zwiespalt hinsichtlich der Erklärung der dritten Person Pluralis im Activum. Die Ähnlichkeit zwischen dem Part. Praes. Act. und dieser Person ist so auffällig, dass es sehr nahe liegt zu versuchen, ob nicht die beiden Formen mit einander in genetische Beziehung zu setzen seien. Benfey hat diesen Versuch gemacht, indem er -*ant* aus -*anti* herleitet. Ich habe mich oben (S. 88) gegen seine Ansicht ausgesprochen. Den umgekehrten Weg haben Ascoli und Brugman eingeschlagen, der letztere indem er sagt: »Wer weiss, ob nicht *bháranti* der Stamm des Particips ist (*bhárant*), den unsere indogermanischen Vorfahren als 3. pl. gebrauchten und an den sie später, aber noch in grundsprachlicher Zeit nach der Analogie von *bharati –i* anfügten?« (Morph. Unters. 1, 137). Ob diese Ansicht oder die Pott'sche, dass zwei Pronominalstämme (*na* und *ta*) in der Endung *nti* enthalten seien, mehr Wahrscheinlichkeit habe (um von der Bopp'schen, wonach *n* symbolisch den Plural andeuten soll, ganz zu schweigen), wird sich schwer entscheiden lassen. Weiter als die genannten Gelehrten geht Scherer, der auch die dritte Person des Singularis nominal auffasst, und zwar als Localis eines Participiums. Aber es liegt kein Participium vor, das zu der dritten Sing. in einem so nahen Verhältniss stünde, wie das Part. Praes. Act. zu der dritten Plur., und so scheint mir die gewöhnliche Auffassung, wonach der Stamm *ta* (welcher sich der Form nach, auch im Mangel der Ge-

schlechtsbezeichnung, an *mi* und *si* anschloss) in dem Suffix *ti*
steckt, die natürlichste (vgl. auch K u h n in seiner Zeitschrift
18, 402 ff.).

Somit erscheint es als wahrscheinlich, dass die drei
Endungen des Singularis und die beiden ersten des Pluralis
(den Dualis lassen wir unerörtert) aus Pronominalwurzeln zu
deuten sind (welche in einem allgemeineren Sinn, als einer
der späteren Casus auszudrücken vermag, mit dem Verbum in
Verbindung treten), während für die dritte Pluralis die Möglichkeit offen gehalten werden muss, dass sie ursprünglich
(wie das lateinische *amamini*) nominal war, dann aber dem
System der Endungen angefügt, und den anderen Formen
assimilirt wurde.[1])

Sehr erheblichen Bedenken unterliegen alle Vermuthungen
über Zusammensetzungen, Verwandlungen und Verstümmelungen, welche die Personalendungen in der Ursprache erfahren haben sollen. Wenn man — um nur ein Beispiel anzuführen — annimmt, dass *si* aus *tva* entstanden sei, so ist
freilich der Beweis, dass es nicht so gewesen sein könne, nicht
zu führen, aber ebenso wenig lässt sich auch diese Annahme
durch einen analogen Vorgang in der Ursprache stützen; sie
beruht lediglich auf der inneren Wahrscheinlichkeit der Vermuthung, dass die Suffixe zweiter Person alle einem Stamme
angehören. Nun ist aber diese Wahrscheinlichkeit nicht so
überwältigend gross, dass jeder Zweifel ausgeschlossen wäre.
Denn warum könnten nicht (so fragt B r u g m a n, Morph.
Unters. 1, 135) für das Pronomen zweiter Person ebenso gut
zwei Stämme angenommen werden, wie bei dem Pronomen
erster Person, wo man doch gewiss nicht Formen wie *nas* und
vajám auf dieselbe Stammform zurückbringen will?

Ähnlich steht es mit der Erklärung der Medialendungen
aus doppelt gesetzten Pronominibus. Zwar der Zusammenhang mit den Activendungen ist ja unzweifelhaft, aber den
Weg, den die Entwickelung der einzelnen Medialformen genommen hat, wird man schwerlich sicher ermitteln können.
Namentlich erwäge man noch folgendes Bedenken. S c h l e i -
c h e r und C u r t i u s erklären die einzelnen Formen für sich,
nehmen also an, dass sich in jeder Form der Process der Zu-

---

[1]) Dasselbe wird für Suffix -*tāt* des Imperativs angenommen, welches
zuerst von S c h e r e r, und nach ihm von B r u g m a n als Ablativ gedeutet
worden ist. Vgl. dazu den interessanten Aufsatz von T h u r n e y s e n: der
indogermanische Imperativ K. Z. 27, 179.

sammensetzung und Verstümmelung vollzogen habe. Aber liegt es nicht vielleicht ebenso nahe anzunehmen, dass .die Gleichheit der Ausgänge zum Theil auf Anlehnung beruht? Auch die andere Theorie, wonach in dem *ai* des Mediums Vocalsteigerung vorliegt, ist nicht unbedingt überzeugend, so dass ich also bei der Synt. Forsch. IV, 69 ausgesprochenen Meinung beharren muss, wonach keine der vorgebrachten Erklärungen so sicher ist, dass man syntaktische oder andere Gebäude darauf errichten könnte.

Und nicht anders steht es bei den übrigen Fragen, die hier in Betracht kommen. In jedem einzelnen Falle scheint sich mir zu ergeben, dass unser Material nicht ausreicht, um zwischen den verschiedenen Möglichkeiten der Entwickelung, die sich darbieten, eine sichere Wahl zu treffen. Dürfen wir doch auch nicht vergessen, dass die Formen, welche wir durch die Vergleichung der einzelnen indogermanischen Sprachen erschliessen, schon eine lange Entwickelung hinter sich haben, eine Entwickelung, welche vielleicht die betreffenden Formen so umgestaltet hat, dass es unmöglich geworden ist, das ursprüngliche Gepräge noch zu erkennen.

Schon bei der Erörterung des Begriffes Wurzel hat sich herausgestellt, dass wir in der Geschichte des Indogermanischen zwei Perioden zu unterscheiden haben, nämlich die vorflexivische oder die Wurzelperiode, und die flexivische. Zwar hat Bopp diesen Gedanken nicht direct ausgesprochen, und Pott hat ihn sogar abgewiesen (wenn auch nicht consequent, wie wir sahen), er ist aber, wie S. 75 gezeigt worden ist, die unausweichliche Folgerung aus den Bopp'schen Analysen. Aber auch die Flexion kann sich nicht auf einen Schlag vollzogen haben, sondern muss in verschiedenen Akten vor sich gegangen sein, so dass die flexivische Periode wieder in Unterabtheilungen zerfallen muss. Es ist ein Verdienst besonders von Curtius, diesen Gedanken, dass in der Entwickelung der Sprache Schichten zu unterscheiden seien, wie in der Lagerung der Gesteine, durch seine Schrift Zur Chronologie u. s. w. in den Vordergrund der Discussion gestellt zu haben. Eine andere Frage aber ist, ob es ihm (oder einem anderen, etwa Scherer) gelungen ist, die Perioden, welche die Bildung der indogermanischen Flexion wirklich durchlaufen hat, mit Wahrscheinlichkeit festzustellen. Ich fühle mich in Gemäss-

heit dessen was in diesem Kapitel entwickelt worden ist, nicht
in der Lage diese Frage zu discutieren. Jedes Hypothesen-
gebäude hat zur Voraussetzung, dass eine Anzahl von einzelnen Hypothesen vorhanden sind, die an und für sich als ge-
sichert angesehen werden dürfen, an welche sich dann die
minder gesicherten anlehnen können. Nachdem ich aber zu
allen einzelnen Formanalysen eine mehr oder minder skep-
tische Stellung eingenommen habe, muss ich jetzt die Consequenz ziehen, dass sich aus diesem Material kein Bau auf-
führen lässt. Ich muss mich also darauf beschränken zu behaupten, dass unzweifelhaft die Flexion sich nicht auf einen
Schlag, sondern allmählich entwickelt hat, bezweifle aber, ob
unser Material ausreicht, die Perioden der Entwickelung zu
fixieren.

Anders freilich läge die Sache, wenn wir noch neues
Material zuzuführen im Stande wären. Und diesen Versuch
hat Ascoli gemacht. Dieser ausgezeichnete Sprachforscher,
der zugleich auf dem indogermanischen und semitischen Gebiet heimisch ist, nimmt an, dass die indogermanische und
die semitische Grundsprache aus einer gemeinsamen Quelle
hervorgegangen seien, und dass sie sogar gewisse Nominalstämme und den Anfang der Declination gemein haben. Wäre
diese Annahme richtig, so wäre damit also bewiesen, dass die
Flexion des Indogermanischen mit der Bildung der Nominalstämme begonnen hat. Ich kann über Ascoli's Beweisführung nicht urtheilen, da mir die Autopsie auf dem Gebiete des
Semitischen fehlt, und muss mich daher zu meinem Bedauern
begnügen, die Leser auf Ascoli's Ausführung selbst (am bequemsten Kritische Studien 21) zu verweisen.

Wir wenden uns nunmehr, nach Schluss der Specialdiscussion, wieder zum Anfang dieses Kapitels zurück, und
fragen: Hat sich denn nun die Agglutinationstheorie im Einzelnen bewährt? Ich möchte kaum glauben, dass der geduldige
Leser, welcher mir durch die ganze vorstehende Ausführung
gefolgt ist, mit einem zuversichtlichen Ja antworten wird.
Denn im besten Fall hat sich uns für die Einzelanalysen eine
gewisse Wahrscheinlichkeit, nicht selten das kahle non liquet
ergeben. Wir sind also am Schluss einer langen und müh-
samen Wanderung dem Ziele nicht näher gekommen. Auch
jetzt noch können wir nichts weiteres behaupten als was oben

behauptet wurde, dass das Princip der Agglutination das einzige sei, welches uns eine verständliche Erklärung der Formen gewährt.

Ein anderes Princip als dieses ist uns nicht begegnet, namentlich nicht die sogenannte symbolische Erklärung, zu der Bopp in einigen Fällen seine Zuflucht nimmt, und der Pott in weiterem Umfange huldigt. Auf diese Erklärungsweise hier näher einzugehen, fühle ich mich nicht befähigt. Denn so viel ich sehe, ist sie so subjectiv, dass eine Discussion des Für und Wider nicht angestellt werden kann.

Unter diesen Umständen, da aus der ganzen Verhandlung nichts anderes gerettet worden ist als das Princip der Agglutination, liegt es nahe zu fragen, ob man nicht besser thun würde, die sprachwissenschaftliche Metaphysik gänzlich aufzugeben und sich auf dasjenige zurückzuziehen, was man wissen kann, also die Aufgabe der indogermanischen Sprachwissenschaft dahin festzusetzen, dass sie die Grundformen (im Schleicher'schen Sinne) erschliesst und aus ihnen die Einzelformen erklärt. Wie wir oben sahen, hat Johannes Schmidt eine dahin gehende Meinung ausgesprochen, und gewiss stimmen ihm viele Sprachforscher bei.

Ich glaube aber doch nicht, dass diese Anschauungsweise allgemein werden wird. Die Versuche, die Sprachformen zu zerlegen, beruhen schliesslich doch nicht auf willkürlichen Entschlüssen und Einfällen der Gelehrten, sondern haben gewisse sprachliche Thatsachen zur Grundlage (so z. B. die Ähnlichkeit der Personal- und Stammbildungssuffixe mit gewissen Pronominibus u. ähnl.), und werden also vermuthlich auch in Zukunft wiederholt werden. Ob freilich jemals ein befriedigenderes Resultat als das jetzige erreicht werden wird, das zu entscheiden ist nicht Sache der Gegenwart. Sollte der Versuch je besser gelingen, so wird das jedenfalls nur mit Hinzuziehung eines unendlich viel grösseren Materials, als jetzt gewöhnlich geschieht, also mit reichlicher Benutzung der ausserindogermanischen Sprachwelt möglich sein.

Sechstes Kapitel.

Die Lautgesetze.[1])

Nachdem in dem ersten Theile dieser Schrift kurz angegeben ist, wie der Begriff des Lautgesetzes in der Sprachforschung zu immer steigender Wichtigkeit gelangt ist, lasse ich nun eine Erörterung desselben folgen. Ich werde dieselbe so einrichten, dass ich zuerst den Standpunkt von Georg Curtius darlege und an diesen dann meine eigene Erörterung anknüpfe. Übrigens habe ich nicht die Absicht in dieser Erörterung etwas Neues zu sagen, sondern will mich nur bemühen, dasjenige, was von Anderen gesagt worden ist, zusammenzufassen und möglichst übersichtlich darzustellen.

Um den Standpunkt von G. Curtius richtig würdigen zu können, muss man bedenken (was heut, wo Curtius' Grundsätze öfter als zu lax bekämpft werden, leicht vergessen werden kann), dass sein Streben vorzüglich darauf gerichtet war, in der Lautwelt eine strengere Ordnung nachzuweisen, als seinen Vorgängern gelungen war, und somit für die Etymologie eine festere Methode zu begründen. Träten — so sagt er Grundz. S. 80 — in der Lautgeschichte wirklich so erhebliche sporadische Verirrungen und völlig krankhafte unberechenbare Lautentstellungen ein, wie sie von manchen Gelehrten mit Zuversicht angenommen werden, so müssten wir in der That auf alles Etymologisieren verzichten. Denn nur das gesetzmässige und innerlich zusammenhängende lässt sich wissenschaftlich erforschen, das willkürliche höchstens errathen, nie erschliessen. »So schlimm aber steht es, denke ich, nicht«, vielmehr »lassen sich gerade in dem Leben der Laute am sichersten feste Gesetze erkennen, die sich beinahe mit der Consequenz von Naturkräften geltend machen« (81). Curtius will desshalb, wenn er auch von der regelmässigen Laut-

---

[1]) Die neuere Literatur über diesen Gegenstand findet man in der eingehenden und lehrreichen Abhandlung von Misteli über Lautgesetz und Analogie in Lazarus und Steinthal's Zeitschrift für Völkerpsychologie 11, 365 ff. Im Folgenden sind ausser dem, was Misteli anführt, namentlich noch die einschlägigen Abhandlungen von Benfey und seinen Anhängern hinzugezogen.

vertretung eine unregelmässige oder sporadische unterscheidet, damit keineswegs sagen, dass ein Theil der Lautverwandlung allen Gesetzen enthoben und somit dem Zufall und der Willkür preisgegeben sei. »Es versteht sich, wie er anderswo (90) bemerkt, von selbst, dass wir weder die eine noch die andere Lautbewegung für zufällig halten, sondern von der Ansicht ausgehen, dass Gesetze, wie die ganze Sprache, so auch diese lautliche Seite durchdringen.«

Wie nun trotz dieser durch die ganze Sprache waltenden Gesetzlichkeit Trübungen und Abnormitäten in der Lautvertretung bestehen können, wird uns klar werden, wenn wir die Art dieser Gesetzlichkeit näher in's Auge fassen.

Curtius findet zunächst in der ganzen Lautbewegung eine durchgehende Tendenz oder Richtung. Die Grundrichtung der Lautveränderung ist die abwärts steigende, abnehmende, oder, wie Curtius es am liebsten ausdrückt, die Verwitterung (409). »Denn in der That liegt die Vergleichung mit den durch atmosphärische Einflüsse allmählich abnehmenden und hinschwindenden, trotzdem aber so beharrlich ihren Kern bewahrenden Gesteinen sehr nahe.« Natürlich liegt bei den Lauten der Grund der Abnahme nicht in der Einwirkung äusserer Mächte, sondern beruht auf der menschlichen Bequemlichkeit, die sich die Aussprache immer leichter und leichter zu gestalten sucht. »Bequemlichkeit ist und bleibt der Hauptanlass des Lautwandels unter allen Umständen« (23). Die Bequemlichkeit äussert sich aber hauptsächlich in zwei Richtungen. Einmal vertauscht man die unbequemere Artikulationsstelle gern mit der bequemeren und demnach lässt sich, da die weiter nach hinten gelegene Stelle die unbequemere ist, als allgemeine Richtung der Lautbewegung die Richtung von hinten nach vorn feststellen. So entsteht wohl p aus k, aber nicht k aus p. Sodann ersetzt man den seiner Art nach schwerer sprechbaren Laut durch den leichter sprechbaren, es gehen mithin z. B. die sog. Explosivlaute in die sog. Fricativlaute über, während der entgegengesetzte Gang nicht vorliegt. So wird wohl t zu s, aber nicht s zu t. Diesen Hauptnormen, deren Gültigkeit Curtius im Speciellen nachzuweisen sucht, ist aller Lautwandel unterworfen, auch der sporadische. Auch für die sporadische Lautvertretung muss uns der Grundsatz als Richtschnur dienen, dass nur ein Übergang des stärkeren Lautes in den schwächeren, nicht umgekehrt zu erwarten ist (437).

Diese allgemeinen Normativbedingungen also darf der
Lautwandel nicht überschreiten, aber innerhalb derselben ist
ihm eine gewisse Freiheit der Bewegung nicht zu verwehren.
So ist das ursprüngliche *a* in den europäischen Sprachen bald
durch *a* bald durch *e* oder *o* vertreten, ohne dass man bestimmte Gründe für diesen Wechsel der Färbung aufzufinden
vermöchte, die indogermanische gutturale Tenuis erscheint im
Griechischen bald als χ bald als π bald als τ, wiederum ohne
dass es gelänge, die Gründe der Spaltung genügend zu ermitteln, und neben diesen Unregelmässigkeiten, die sich immerhin noch einigermassen in ein System oder doch unter eine
Rubrik bringen lassen, giebt es vereinzelte Abnormitäten, wie
z. B. wenn ein anlautendes *s* regelmässig im Griech. wegfällt,
aber ein σῦς neben ὗς erhalten bleibt, und vieles andere derart,
das jedem aus der Praxis bekannt ist.

Freilich ist Curtius nicht gesonnen, diese grosse Masse
der vereinzelten Ausnahmen, Unregelmässigkeiten, Trübungen,
Stockungen oder wie er sie sonst nennt, für gänzlich unerklär-
bar zu halten, sondern sucht die Kräfte ausfindig zu machen,
welche dem normalen Verlauf des Lautwandels hemmend in
den Weg treten können. Als solche Kräfte bezeichnet er
namentlich zwei, das Streben die bedeutungsvollen Laute oder
Silben zu conservieren, und die Analogie. Über den ersteren
Punkt hat er sich vor Allem in seinen Bemerkungen über die
Tragweite der Lautgesetze insbesondere im Griechischen und
Lateinischen (Ber. der phil.-hist. Classe der Königl. Sächs.
Ges. der Wissenschaften 1870, vom ersten Juli) ausgesprochen.
Curtius führt in dieser Abhandlung aus, dass Laute und
Silben, die als bedeutungtragend empfunden werden, der
Verwitterung länger Widerstand leisten als andere, und dass
also bei der Beurtheilung des Lautwandels die Wichtigkeit
des Lautes nicht vernachlässigt werden darf. Als Beispiel
diene, was über das ι des Optativs bemerkt wird: «Im Allgemeinen hatten die Griechen eine starke Neigung den Diph-
thongen auf ι den letzteren Laut vor Vocalen zu entziehen,
daher αω, εω, οω für älteres *ajāmi*, ποέω häufig für ποιέω u. s. w.
Derselben Neigung folgten sie im Gen. Sing., wo schon vor
Alters οιο zu οο und weiter zu ου dor. aeol. ω herabsank. Dagegen blieb das οι in Optativformen wie δοίην, λέγοιεν, γενοίατο,
ποιοίην unangefochten. Nur als aeolisch ist λαχόιην = λάχοιμι
überliefert (Ahr. 133). Offenbar bedurfte das Moduszeichen
grösserer Schonung als das ι des Genitivs. Der letztere Casus

blieb auch ohne ι, ja selbst nach erfolgter Contraction klar erkennbar, die Optativbildungen würden ohne jenes Jota fast unkenntlich, jedenfalls aber den übrigen Formen desselben Modus sehr unähnlich werden« u. s. w.

Über den zweiten Punkt, die Analogie, hat Curtius nicht zusammenfassend gehandelt, wohl aber, wie auch andere Sprachforscher, gelegentlich von der Analogie als einem Princip der Erklärung Gebrauch gemacht. Wie wichtig die Vorstellung, die man sich von dem Wirken der Analogie bildet, für die gesammte Auffassung der Sprache sei, ist ihm keineswegs entgangen. Namentlich ist ein Satz der oben angeführten Abhandlung (vom Jahre 1870) S. 2 von Interesse, der so lautet: »Für die Sprachforschung sind zwei Fundamentalbegriffe von der höchsten Wichtigkeit, der der Analogie und der des Lautgesetzes. Ich glaube mich nicht zu irren, wenn ich behaupte, dass auf der Ausdehnung, welche man jedem dieser beiden Begriffe im Leben der Sprachen glaubt geben zu müssen, ein grosser Theil der Meinungsverschiedenheit beruht, welche über Einzelfragen stattfindet.«

Durch diese beiden geistigen Mächte, das Gefühl für den Begriffswerth eines Lautes und die Macht der Analogie lassen sich eine Reihe von Entgleisungen erklären, aber längst nicht alle. Es bleiben nach Curtius' Anschauung noch eine ziemlich grosse Anzahl zurück, und zwar möchte ich besonders auf einen Punkt, der mir vor Allem wichtig erscheint, aufmerksam machen. Curtius nimmt nicht ganz selten an, dass aus einem und demselben Laute und einer und derselben Lautgruppe unter völlig gleichen Verhältnissen Verschiedenes entstehen konnte. Ein Beispiel dafür bietet die Declination des Comparativs. Aus dem vorauszusetzenden μείζονες konnte entweder mit Erhaltung des σ μείζοσες und daraus μείζους werden, oder mit Erhaltung des ν (vielleicht durch μείζοννες hindurch) μείζονες (Erl. zu Curtius griech. Schulgr. 68). Solche Doubletten können wie mir scheint von Curtius nur erklärt werden unter der Voraussetzung, dass die Sprechenden nach freier (natürlich unbewusster) Entschliessung eine Wahl zwischen vorliegenden Möglichkeiten trafen. Sie sind für die Auffassung des Lautgesetzes, wie sich noch herausstellen wird, von besonderer Wichtigkeit.

In dem hiermit, wo nicht geschilderten, doch in seinen Hauptlinien gezeichneten System von Curtius ragen drei

Begriffe besonders hervor: das Lautgesetz, die Analogie, die
Conservierung des Lautes durch den Sinn. Ich bespreche diese
drei Begriffe in umgekehrter Reihenfolge.

Was zunächst den letzten Punkt, den Einfluss des
Sinnes auf den Laut angeht, so kann ich mich nicht davon überzeugen, dass Curtius' Anschauung das Richtige
trifft. Schon eine allgemeine Erwägung spricht dagegen. Man
ist, wie mir scheint, nicht berechtigt anzunehmen, dass die
Inder und Griechen noch ein Gefühl für die Bedeutsamkeit
des einzelnen Lautes in einer Sprachform gehabt hätten, welches uns abhanden gekommen wäre. Denn auch ihnen waren,
wie uns, von Generation zu Generation nur fertige Sprachformen überliefert, und jene Urzeiten, in denen die indogermanischen Formen nach der Bopp'schen Annahme aus bedeutsamen Elementen zusammengesetzt wurden, lagen für sie nicht
weniger wie für uns in dämmernder Vorzeit, von der keine
Kunde mehr zu ihnen dringen konnte. Dazu kommt, dass sich
im Einzelnen plausiblere Erklärungen für mehrere der von Curtius behandelten Erscheinungen bieten dürften. So lässt sich
glaube ich die Erhaltung des ι im Optativ, von dem oben die Rede
war, richtiger als ein Erfolg der Wirkung der Analogie auffassen.
In der That scheint es das Natürlichste anzunehmen, dass
δοίην blieb (nicht zu δόην wurde) weil es mit δοῖμεν δοῖτε u. s. w.
zu einer Reihe verbunden war. Dieselbe Bewandtniss hat es
mit dem *is* des Genetiv in *noctis* (Curtius a. a. O. S. 22), das
durch die zahllosen *is* im Genetiv gehalten wurde, während im
Nominativ eine gleiche Analogie nicht in dem Grade wirken
konnte, dieselbe Bewandtniss auch mit dem ι von φύλαξι, das
geschützter war, als das von ἑνί u. s. w. Für anderes, was
Curtius anführt, mag sich eine andere Erklärung finden, so
wird für die Deutung der verschiedenen Formen von Präpositionen, wie Curtius selbst andeutet, die Verschiedenheit
der Accentuation, je nachdem sie proklitisch gebraucht werden oder nicht, in Anschlag zu bringen sein. Es würde also
in diesem Falle, da der Accent ein für die Laut-Erscheinung
des Wortes sehr wesentlicher Faktor ist, die Erklärung auf der
lautlichen Seite zu suchen sein. Natürlich bleibt von dem,
was Curtius in der angeführten Schrift als der Erklärung
bedürftig zusammenstellt, manches für mich dunkel, aber
so viel möchte ich doch behaupten, dass für die Annahme,
solche Laute, welche als bedeutungstragend empfunden
worden, seien gegen sonst wirksame Lautgesetze gelegentlich

conserviert worden, überzeugende und einwandsfreie Belege
noch nicht beigebracht worden sind.

Ich halte also dafür, dass man bis jetzt kein Recht habe,
diesen Begriff in das Repertorium der Sprachwissenschaft auf-
zunehmen.

Über den zweiten der von Curtius hervorgehobenen
Begriffe, die Analogie, ist oben schon historisch berichtet
worden. Ich wiederhole hier, dass man zwar auch früher
dieses Princip nicht verkannt hat [1]), dass man aber neuerdings
durch verschiedene Beweggründe (namentlich das Beispiel der
modernen Sprachen, die Überzeugung dass die Neubildungen
der einzelnen Sprachen auf Nachbildung beruhen, und vor
Allem das Streben in den Lautveränderungen ausnahmslose
Gesetze nachzuweisen) zu einer viel häufigeren Anwendung
desselben gelangt ist. Es fragt sich, ob und in welcher Weise
sich dies Verfahren rechtfertigen lässt, und ob es möglich ist,
der Anwendung des Analogieprincipes gewisse Grenzen zu
stecken, und innerhalb desselben gewisse Unterscheidungen
und Abtheilungen festzuhalten.

Was den ersten Punkt, die Abgrenzung des Gebietes,
betrifft, so sind, so viel ich sehe, brauchbare Vorschriften bisher nicht aufgestellt worden. Zwar hat Misteli a. a. O.
S. 410 den Grundsatz ausgesprochen, es dürften nicht zu viele
und nicht zu verwickelte Analogiewirkungen für den einzelnen
Fall angenommen werden, aber durch diese allgemeine An-
weisung sieht man sich im einzelnen Falle nicht gefördert,
weil jedesmal die Frage, was ist viel? und was ist verwickelt?
verschieden beantwortet werden wird.

Auf den ersten Blick einleuchtender ist eine andere Erwägung. Es liegt nahe anzunehmen, dass die anziehenden
(Analogie bewirkenden) Formen zahlreicher sein müssen, als
die angezogenen. Aber bei näherer Betrachtung ergiebt sich
das Räsonnement als nicht stichhaltig. Mir wenigstens scheint
Brugman Recht zu haben, wenn er Kuhn's Zeitschrift
24, 50 und Morph. Unters. I, 82 ff. ausführt, dass die Wirkungen der Analogie allmählich eintreten, also eine Form zu-

---

[1] Misteli hätte ausser Pott und Curtius namentlich Benfey an-
führen können, der sich schon im Jahre 1865 Or. und Occ. III, 225 über
die Vedensprache so äusserte: »Nicht ohne Absicht habe ich hier und
durchweg in dieser Abhandlung auf die Fälle der falschen Analogien aufmerksam gemacht, durch welche die Vedensprache gewissermassen nach
den verschiedensten Richtungen getrieben wird.«

nächst eine zweite, diese zwei eine dritte, vierte und fünfte
und diese dann weiter die folgenden bis zur tausendsten u. s. w.
an sich ziehen können, so dass man sich wohl denken könne, dass
nur einige wenige Formen das Muster für tausende geworden
sind. In der That liegen ja auch solche Fälle vor, wie denn z. B.
Brugman die schon von anderen Gelehrten constatierte Thatsache anführt, dass vier altslavische Verben *jesmĭ věmĭ damĭ*
jamĭ es erreicht haben, dass im Neuslovenischen und Neuserbi-
schen die Verba aller Conjugationsklassen in der ersten Person
Singularis auf -*m* endigen, u. a. m. (vgl. Morph. Untersuch.
a. a. O.).

Ich meine also, dass über die Grenzen, innerhalb deren
der Vorgang der Analogiewirkung sich hält, bis jetzt etwas
Förderliches kaum beigebracht worden ist.

Eher lässt sich vielleicht etwas sagen über die verschiedenen Arten der Analogiebildungen. Da eine Analogiebildung
eine Formveränderung ist, welche in Folge einer Association
von Vorstellungen eintritt, so kann man eine Eintheilung nach
folgenden drei Gesichtspunkten unternehmen: nach der Art
der psychischen Vorgänge, welche bei einer solchen
Bildung eine Rolle spielen, nach der Beschaffenheit der
betroffenen Wörter, und nach dem Ergebniss der
Analogiewirkung. Ich will diese drei Punkte in der
Kürze besprechen, und zwar zunächst die Eintheilung nach
den psychischen Vorgängen.

Über diesen Gegenstand hat Misteli Mancherlei beigebracht, was zur Einleitung der Discussion, die noch nicht
ernstlich begonnen hat, dienen kann. Ich will mich hier auf
die Hervorhebung eines Punktes beschränken. Es wird nämlich ein Gewicht darauf zu legen sein, dass man unterscheide,
ob eine Formübertragung sich so zu sagen von selbst vollzieht
(wie das bei der grossen Majorität der Fall ist) oder ob von
den Sprechenden, weil die lautgesetzlich nothwendige Form
aus irgend einem Grunde unbequem ist, nach einer ander-
weitigen Bildung gesucht wird, und als der Abschluss dieses
Suchens eine Formübertragung eintritt. Ein Fall der letzteren
Art ist der Dat. Abl. plur. auf -*abus*, der häufig bei *deabus*
filiabus und *libertabus*, vereinzelt auch bei andern Wörtern
vorkommt. Wie die Stellen bei Neue I², 22 auf das deut-
lichste beweisen, sind diese Dativ-Ablative da entstanden, wo
eine Unterscheidung von den entsprechenden Formen der
Masculina nothwendig wurde. Man sagte ohne Anstoss *di*

deaeque, deorum dearumque, deos deasque, aber wie sollte man
im Dativ und Ablativ sagen, etwa *dis disque?* Ein gleicher
Übelstand ergab sich bei dem Gebrauch von *filia* in Testamen-
ten, oder sonstigen Bestimmungen *quae pertinent ad necessi-
tatem juris.* Gesetzt z. B. es soll eine Bestimmung getroffen
werden für den Fall, dass ein Sohn oder Söhne, eine Tochter
oder Töchter vorhanden sind. Soll man sagen *filio seu filiis
filia seu filiis exstantibus?* Augenscheinlich sind in solchen
und ähnlichen Verlegenheiten zuerst die Formen auf *abus* entstanden, und der Hergang kann dabei doch schwerlich ein
anderer gewesen sein, als der folgende. Man sucht für das im
speciellen Fall unbrauchbare *dis* und *filiis* eine andere Form,
und diese bietet sich dar in Folge der Verbindung, welche im
Geiste zwischen den Reihen *filiae filiarum filiis filias* und *duae
duarum duabus duas* besteht. Der Abl. *duabus* kann im gewöhnlichen Verlauf des Sprechens eine Anziehung auf *mensis*
u. s. w. nicht ausüben, weil deren *īs* durch die Verbindung mit
dem *īs* der zweiten Declination, welches gleiche Bedeutung
hat, geschützt wird. Erst dann, wenn diese Verbindung aus
einem speciellen Grunde gelöst wird, übt *duabus* seine Anzie-
hungskraft aus. Es ist also ganz richtig, wenn die alten Grammatiker sagen, dass die Formen *deabus* u. s. w. differentiae
causa geschaffen seien, aber der Trieb nach Differenzierung hat
nicht neue Originalbildungen, sondern nur Nachbildungen
nach vorhandenen Mustern hervorrufen können. So dürfte
sich denn überhaupt der Differenzierungstrieb als ein Motiv
bewähren, welches bei der Schaffung von Analogiebildungen
wirksam ist (vgl. Misteli a. a. O. 472).

Einen zweiten Eintheilungsgrund finden wir in der Beschaffenheit der betheiligten Wörter, oder, anders
ausgedrückt, in den Bedingungen, welche in den Wörtern gegeben sein müssen, wenn eine Analogiewirkung eintreten soll.
Unter dieser Rubrik dürfte zunächst zu erörtern sein, ob
Wörter, welche durch nichts anderes als den Laut, und ob
Wörter, welche durch nichts anderes als den Sinn mit einander verknüpft sind, in analogiewirkende Association treten
können. Die erste Frage dürfte zu verneinen, die zweite zu
bejahen sein. Zur Erläuterung der ersten führt Misteli
(a. a. O. 434) ein gutes Beispiel an, welches ich hier wieder-
gebe: »auch wenn χαθζω ἐχάθισα im Fut. χαθιῶ -θιεῖς -θιεῖ
bildet, als wäre χαθ Wurzel und ζω Endung wie bei βαθζω
βαθιοῦμαι, so dass von der Wurzel *sed* kaum ein Schatten

(im ι) übrig bleibt, so geht doch κάθιζε καθῖζον -θίζω -θίζων -θίζοις trotz des gleichen Ausgangs nicht die entfernteste Verbindung etwa mit πρόρριζε πρόρριζον -ρίζω -ρίζων -ρίζοις ein; die Kluft zwischen Nomen und Verbum vermag alle Lautgleichheit nicht zu überbrücken, und nur, weil man das als selbstverständlich ansieht, spricht man von rein lautlicher Analogie«. Was den zweiten Punkt betrifft, so ist wenigstens so viel klar, dass Endungen gleicher Function sich auch ohne Lautähnlichkeit associieren, wie denn z. B. ἀγώνοις in Anlehnung an den Dat. plur. auf -οις entsteht, während doch zwischen σι (in ἀγῶσι) und οις keine irgend verführerische Formähnlichkeit vorhanden ist. Auch bei Wortstämmen ist eine Einwirkung des einen auf einen andern mit ihm gewohnheitsgemäss zusammen genannten beobachtet worden. So ist Diez der Meinung, dass das e des italienischen greve seine Entstehung dem Einfluss des e von leve verdanke, d'Ovidio vermuthet dasselbe hinsichtlich melo (mālum), dessen e durch pero herbeigeführt sei (vgl. d'Ovidio's in der Vorrede angeführte Recension p. 42). Sodann wäre in diesem Abschnitt zu erörtern, dass bei flectierten Wörtern die Association entweder von dem Wortstamm oder von den Endungen ausgehen kann, und es wäre in dieser Beziehung zwischen stofflicher und formaler Analogiebildung zu unterscheiden[1]. Ein Beispiel für die stoffliche Analogiebildung bietet das griechische ἡδέσι, welches aus der sicher einmal vorhandenen Form ἡδύσι durch Einwirkung von ἡδέος ἡδέε ἡδέων entstanden ist. Im Singular vermochten die Formen ἡδύς ἡδύ ἡδύν der Anziehung Widerstand zu leisten (obgleich gelegentlich ja auch ἡδέα erscheint), im Plural aber, wo ἡδύσι nach Angleichung des Accusativs an den Nominativ der einzige Casus mit υ war, vollzog sich die vollständige Gleichmachung desjenigen Bestandtheils der zu einer Reihe gehörigen Formen, welcher als Träger der Bedeutung gefühlt wurde. Die unendlich häufigen formalen Analogiebildungen mag man sich an Formen wie ἀγώνοις, Herzens u. s. w. veranschaulichen.

Ein dritter Eintheilungsgrund ist in dem Erfolge der Formübertragung zu finden, insofern entweder die Originalform durch die Nachbildung ganz verdrängt werden kann, wie das z. B. bei ἐλύσαμεν der Fall ist, welches höchst wahrschein-

---

[1] Auf diese Eintheilung hat besonders Osthoff 'nach Paul's Vorgange) in dem später zu erwähnenden Vortrage hingewiesen.

lich für ein älteres ἔλυϑμεν eingetreten ist, oder beide Formen
neben einander bestehen können, wie z. B. der Genetiv *sena-*
tus und *senati* heisst. Auch die Frage kommt hier in Betracht,
ob durch die gegenseitigen Einwirkungen zweier Formen ein
Mittleres zwischen beiden entstehen kann, eine Bildung für
die der Name Contaminationsbildung aufgekommen ist. Ein
Beispiel dafür wäre das lateinische *jecinoris* neben *jecur*. Wie
das Indische zeigt, wo die Stämme *jakan* und *jakṛt* neben
einander stehen, lautete im Lateinischen das Paradigma einst
jecor *jecinis, und aus beiden Stammformen ist *jecinoris* »con-
taminirt«.

Diese und ähnliche Versuche aber, welche etwa noch gemacht werden können, die gesammte Masse der Analogiebildungen zu gruppiren, sind für die Praxis der Wissenschaft im
Augenblick noch nicht von erheblichem Werth, weil es zunächst die Aufgabe sein muss, auf dem eben erst betretenen
Felde den Stoff systematisch zu sammeln. Eine solche Sammlung könnte, glaube ich, mit der meisten Aussicht auf Erfolg
angestellt werden, wenn man die Flexionsformen einer bestimmten Sprachperiode vornähme und bei jeder einzelnen
untersuchte, bei was für Analogiebildungen dieselbe activ oder
passiv betheiligt sei. Man würde dann am leichtesten einen
Überblick über die Reihenbildungen erhalten, welche im Bewusstsein der Sprechenden existieren oder existierten. Man
würde dann z. B. finden, dass die sämmtlichen Casus eines
Wortes eine Reihe bilden (woraus sich u. a. die Ausgleichun-
gen zwischen starken und schwachen Casus erklären) und
ebenso die einander entsprechenden Casus in mehreren (wenn
auch nicht allen) Unterarten der Declination, wie sich z. B.
aus der Übertragung des locativischen *au* der *u*-Stämme auf
die *i*-Stämme (*kavaú* nach *bhānaú*) im Sanskrit ersehen lässt.
Auch würde sich zeigen, dass der Bedeutung nach zusammengehörige Nomina so fest zu einer Gruppe verschmelzen, dass
gelegentlich auch die Casus derselben sich ausgleichen. So
hat sich gewiss der auf *ur* (oder *us*) endigende Casus von *páti*
Gatte, *jám* Ehefrau, *sákhi* Freund, also *pátjur jánjur sákhjur*
nach dem Genetiv der Verwandtschaftsnamen wie *pitúr* gerichtet (vgl. Wackernagel, Kuhn's Zeitschrift 25, 289).

Bei dem Verbum würde sich ein noch grösserer Reichthum an Verschlingungen ergeben. Man sieht nämlich sehr
bald, dass nicht nur die Formen eines Modus eine Reihe bilden, daher z. B. πεποίϑαμεν nach πέποιϑα statt *πέπιϑμεν, und

ebenso die entsprechenden Formen verschiedener Indicative,
daher z. B. ἔλυσε, dessen ε sich nach ἔφερε gerichtet hat (vgl.
Misteli a. a. O. 436), sondern es ergiebt sich auch, dass die
Tempussysteme des einzelnen Verbums derartig aufeinander
wirken, dass lautgesetzlich entstandene Verschiedenheiten,
welche so gross sind, dass sie das System des ganzen Verbums
auseinander zu reissen drohen, ausgeglichen werden (so ist
z. B. das alte a verbo δέλλω ἔβαλον durch βάλλω ἔβαλον verdrängt worden, vgl. Johannes Schmidt K. Z. 25, 153);
und ebenso ergiebt sich, dass die entsprechenden Tempussysteme verschiedener Verba im Geiste der Sprechenden verbunden sind, daher z. B. die Verlängerung des i in Aoristen
wie *apīpatat*, welche im Anschluss an *akikradat* entstanden
sein dürfte, so dass nunmehr in allen zusammengehörigen
Formen der gleiche Rhythmus vorliegt[1].

Wenn man sich durch solche Betrachtung eine Vorstellung von den Reihen- und Netzgebilden verschafft, zu denen
die Wortformen im Geiste der Sprechenden sich zusammen-
finden, so wird man zugleich, als Consequenz, einen wichtigen
methodischen Grundsatz aussprechen können (der auch schon
wiederholt ausgesprochen worden ist, siehe die Stellen bei
Misteli a. a. O. 408) den Grundsatz nämlich, dass die ausserhalb des Reihengeflechtes stehenden Formen, also diejenigen,
welche nicht den Flexionssystemen angehören, die Vermuthung
für sich haben, die ungehemmten Wirkungen der Lautgesetze
an sich zur Erscheinung zu bringen. Zugleich dürfte aus den
wenigen von mir beigebrachten Beispielen erhellen, dass man
in allen, auch den ältesten Perioden der uns vorliegenden
Sprachen (und warum nicht auch in der indogermanischen
Grundsprache?) Analogiebildungen erwarten darf. Am zahlreichsten freilich werden sie in den moderneren Perioden erscheinen, weil in diesen ein Zusammenfallen der Formsysteme
schon durch die weiter fortgeschrittene Abstumpfung der Endungen begünstigt wird. Doch muss auch bei dieser Gelegenheit wieder betont werden, dass wir augenblicklich nur auf
allgemeine Eindrücke und ungefähre Abschätzungen angewiesen sind, da erschöpfendes und geordnetes Material noch
nicht vorliegt.

---

[1] Danach ist meine frühere Darstellung Altindisches Verbum 110 zu
modificieren.

Ich komme zum dritten Begriff, dem des Lautgesetzes. Der Ansicht von Curtius haben, wie wir sahen, Leskien und andere eine Lehrmeinung gegenübergestellt, welche ich am einfachsten so ausdrücken zu können glaube: die Lautgesetze an sich sind ausnahmslos. Dieser Satz, der im Folgenden zu prüfen sein wird, bedarf einer Erläuterung. Zunächst ist selbstverständlich, dass man, um den reinen Verlauf der lautgesetzlichen Entwickelung kennen lernen zu können, alle Wirkungen der Analogie, wie sie im vorigen Absatz beschrieben worden sind, in Abrechnung bringen muss, und sodann muss man bedenken, dass die natürliche Geschichte der Laute am besten an solchen Sprachen studiert wird, die noch dem Naturzustande möglichst nahe stehen. Die Schriftsprachen sind aus dem Grunde weniger geeignet für diesen Zweck, weil sich in ihnen stets eine Menge von Worten vorfinden, welche von anderswoher entlehnt sind, sei es aus fremden Sprachen, sei es aus verwandten Dialekten, sei es endlich aus früheren nur noch in Literaturdenkmälern vorhandenen Perioden derselben Sprache, Entlehnungen, welche zum Theil so mit dem einheimischen Sprachmaterial verwachsen sind, dass sie von den Sprechenden nicht mehr als fremd gefühlt werden. Wer von uns, er sei denn ein Sprachgelehrter, möchte z. B. glauben, dass das Wort »echt« ein aus dem Niederdeutschen in die neuhochdeutsche Schriftsprache übernommenes Fremdwort sei, und doch ist an dem Faktum nicht zu zweifeln. Echt ist, wie Grimm sich ausdrückt, »ein der alten Sprache in allen hohen Dialekten unbekanntes Wort, selbst heute weiss das Volk in der Schweiz, in Baiern, Schwaben nichts davon und nur durch die Schriftsprache wird es ihn zugebracht.« Bei Schriftsprachen des Alterthums liegt die Sache natürlich ebenso oder ähnlich wie im Neuhochdeutschen, nur dass wir seltener als hier in der Lage sind, den Nachweis der Entlehnungen zu führen, und uns auf Vermuthungen beschränken müssen. Das attische γενναῖος z. B. widerspricht mit seinem Doppel-ν dem attischen Lautstande ebenso wie echt mit seinem cht dem neuhochdeutschen, sollte man nicht (wenn auch der historische Beweis nicht erbracht werden kann) doch zu der Vermuthung berechtigt sein, dass das vielgebrauchte γενναῖος aus einem äolischen Dialekte entlehnt sei, so gut wie das vielgebrauchte echt aus einem niederdeutschen? Je mehr Wörter nun in einem Dialekt vorhanden sind, die man im Verdacht haben

könnte, aus einer anderen Sprachmasse entlehnt zu sein, um
so schwieriger wird es bei diesem Dialekte den ursprünglichen
Lautstand zu ermitteln. Nun ist bekannt, dass gerade bei den
griechischen Kunstsprachen die Entlehnung von Wörtern und
Wendungen eine grosse Rolle spielt, es liegt also gerade bei
ihnen die Gefahr nahe, Fremdes für Eigenes zu halten und
somit Ausnahmen von der Regel da anzunehmen, wo vielmehr
Erscheinungen vorliegen, die zu der Regel in gar keiner Beziehung stehen. Ich möchte diesen letzteren Gedanken, dass
die Erscheinungen an Lehnwörtern zu der heimischen Regel
in gar keiner Beziehung stehen, besonders betonen, weil ich
ihn bei Curtius verkannt sehe, der sich Etym. Forsch. 434
so äussert: »Ein anderer Anlass zu Störungen der lautlichen
Regel liegt in dem Einfluss der Mundarten auf einander. Dergleichen Störungen sind allgemein anerkannt und werden auch
von den eifrigsten Vertheidigern der Regelmässigkeit auf diesem Gebiet nicht ganz geleugnet werden.« Gewiss sind Entlehnungen aus einem Dialekt in den anderen nicht zu leugnen, aber ich kann nicht zugestehen, dass sie eine Trübung
der heimischen Regel bewirken. Wenn ein Ethnograph in
einem von dunkelfarbigen Menschen bewohnten Lande einige
Familien weisser Ansiedler findet, so wird er doch den ab-
weichenden Typus der letzteren nicht als eine Ausnahme von
dem in jenem Lande herrschenden bezeichnen, sondern er
wird urtheilen, dass 'die Weissen für die Beschreibung der
Ureinwohner des Landes gar nicht in Betracht kommen, und
ebenso wie der Ethnograph zu jenen Ansiedlern, steht — meine
ich — der Sprachforscher zu den Fremdwörtern, mögen diese
nun aus der Nähe oder aus der Ferne importiert sein.

Von besonderer Erheblichkeit sind bei einem lesenden
und schreibenden, durch regelmässigen Unterricht geschulten
Volke die massenhaften Entlehnungen aus der auf einer etwas
älteren Stufe verharrenden Literatursprache in die Sprache
des gewöhnlichen Lebens. Auf einer solchen Entlehnung beruht es z. B., wenn wir in der gebildeten hochdeutschen Sprache
zwischen dem Dativ »Mann« und »Manne« schwanken und
vieles der Art.

Erst wenn man, wie die Wirkungen der Analogie auch
die sämmtlichen in einer Sprache vorhandenen Fremdwörter
(im weitesten Sinne) abzieht, kann sich die einfache und reine
Gestalt des Lautgesetzes ergeben.

Kann man nun behaupten, dass die Lautgesetze in diesem
Sinne ausnahmslos seien?

Wenn man zur Beantwortung dieser Frage zunächst (wie
billig) der Erfahrung der Wissenschaft das Wort lässt, so ergiebt
sich, dass im Anfang die Grundsätze in Bezug auf die Lautlehre
des Indogermanischen ziemlich lax waren und mit der Zeit
(namentlich durch die Bemühungen von Pott, Schleicher,
Curtius) immer strenger und strenger wurden, und dass
sich noch fortwährend in der Praxis eine Verschärfung dieser
Grundsätze beobachten lässt[1]) und ferner ist unzweifelhaft,
dass alle Gelehrten, welche sich ernstlich mit Lautlehre be-
fasst haben, sich bewusst oder unbewusst von dem Gedanken
haben leiten lassen, dass die Triebfeder aller Veränderungen
nicht Willkür und Zufall, sondern eine immanente Gesetzlich-

---

[1]) Um zu zeigen, wie bei allen Richtungen der vergleichenden
Sprachforschung die Strenge in der Handhabung der Lautgesetze Fortschritte macht, citiere ich Ausserungen zweier Gelehrten, die in der ent-
schiedenen Bekämpfung der »junggrammatischen« Schule übereinstimmen,
Ausserungen von Bezzenberger und E. Kuhn. Bezzenberger
äussert sich in einer Recension von Ascoli's Kritischen Studien folgendermassen: »S. 404 Anm. 2 fragt Ascoli im Anschluss an seine Erörterungen, durch die er dem ‚ursprünglichen Instrumentalsuffix -tra‘ eine
Descendenz von etwas überraschender Ausdehnung innerhalb des Lateinischen, bez. der romanischen Sprachen zuzuweisen sucht: ‚Oder will
Fick in der That behaupten, dass -θλο (-blo) radical verschieden sei von
-bro? Will er beispielsweise *φύθλα vom hesychischen φύτρα trennen?
Können wir latibulum und latebra von einander trennen?‘ Ich habe Fick
nicht gefragt, wie er sich zu diesen Fragen stellt, aber ich hoffe lebhaft,
dass er sie sämmtlich bejaht; und wer wollte es ihm verdenken, wenn er
umgekehrt etwa fragte: ‚Können wir latibulum und latebra identificiren?‘
Ascoli befindet sich meines Erachtens in einem Irrthum, wenn er sagt:
‚— Primärsuffixe, die wie ein italo-griechisches -dhla isoliert stehen
würden.‘ Ich habe es schon anderwärts ausgesprochen und wiederhole es
hier, dass dem griech. -θλο-, dem lat. -bulo- auf das genaueste das slav.
-dlo- entspricht. — —, und wenn von Seiten gewisser deutscher Gelehrten
einerseits die Ausnahmslosigkeit der Lautgesetze gepredigt und andererseits das poln. radlo dem griechischen ἄροτρον gleichgestellt wird, so ist
das nichts als eine der vielen Gedankenlosigkeiten dieser sehr methodischen ‚Forscher‘« (Gött. Gel. Anz. 1879, Stück 18. Die Auslassung
E. Kuhn's (K. Z. 25, 327) lautet so: »Wie verhalten sich skr. kumbha
und zd. khumba? Die arische Grundform beider war khumbha: daraus
entstand ohne Schwierigkeit zd. khumba (phonetisch γumba), skr. kumbha
hat in bekannter Weise die erste Aspiration eingebüsst. Nach demselben
Gesetze erklärt sich der Mangel der Aspiration in stambh, stigh u. s. w.
gegenüber sthā u. s. w. Die ganze Frage der tenues aspiratae bedarf einer
gründlichen Revision, heutzutage wird auch mancher, welcher von der Mode-
thorheit von der Unfehlbarkeit der Lautgesetze nicht gerade anhängt,
Schleicher's Annahme wenig wahrscheinlich finden, nach der gerade
die ältesten Beispiele dieser Lautclasse einem durchaus sporadischen Lautwandel ihre Entstehung verdanken sollen.«

keit sei, aber auf der anderen Seite ist doch auch zu constatieren,
dass selbst auf den Gebieten, wo seit einer langen Reihe von
Jahren unablässig gearbeitet worden ist, noch sehr vieles
dunkel ist, und wenn auch zu hoffen ist, dass es gelingen
werde, noch viele Schwierigkeiten zu beseitigen, so wird
sich doch Niemand der Illusion hingeben, dass es je möglich
sein werde, bei irgend einer Sprache den »Lautwandel an sich«
rein und vollständig herauszuschälen und in allen seinen Theilen und Entwickelungen zu durchschauen. Man kann nicht
umhin es zu gestehen: Auf inductivem Wege kann die
Ausnahmslosigkeit der Lautgesetze nicht bewiesen werden.

Wir sehen uns also in die Nothwendigkeit versetzt, die
Lösung des Problems auf deductivem Wege zu versuchen, indem wir zur Erörterung bringen, aus welchen Gründen und
in welcher Weise sich Sprachen verändern, und insbesondere,
wie es zu erklären sei, dass aus einer einheitlichen Sprache
verschiedene Dialekte hervorgehen können. Mit einer Lösung
dieser Aufgabe wird zugleich die Antwort auf die Frage gegeben sein, ob die Lautgesetze an sich Ausnahmen erleiden
oder nicht. Ich knüpfe auch diese Erörterung an die Theorie
von Georg Curtius an, muss indess vorher noch eine Betrachtungsweise erwähnen, welche früher üblich war, heutzutage aber beinahe völlig zurückgedrängt ist.

In der vorboppischen Periode pflegte man die Verschiedenheit der Sprachen von der Verschiedenheit der menschlichen Sprachorgane herzuleiten, und diese zum grössten Theil
aus der Verschiedenheit des Klimas zu erklären. Wie oft ist
nicht die angebliche Rauhheit des Dorischen mit der wilden
Gebirgsnatur der Landschaft Laconica und die angebliche
Weichheit des Ionischen mit den linden Lüften des klein-
asiatischen Küstenstrichs zuversichtlich in Parallele gestellt
worden! Neuerdings hat sich nun, nachdem Whitney
(Whitney-Jolly 230) sehr entschieden gegen diese alte Annahme gesprochen hatte, Osthoff wieder derselben angenommen, indem er sagt: »Wie die Gestaltung aller physischen
Organe des Menschen, so hängt auch die Gestaltung seiner
Sprachorgane vorzugsweise von den klimatischen und Cultur-
verhältnissen ab, unter denen er lebt. Obwohl im Allgemeinen
bekannt ist, dass z. B. das verschiedene Klima der Gebirge
und der Ebenen anders Lungen und Brust und Kehlkopf der
Bergbewohner, anders dieselben Organe bei den Bewohnern

der Niederungen ausbildet, so ist es doch eine bisher in der
Sprachwissenschaft noch viel zu wenig gewürdigte Thatsache,
dass sich bei gleichen oder ähnlichen klimatischen und Cultur-
verhältnissen überall gleiche oder ähnliche phonetische Neigungen der Sprache oder der Mundart zu zeigen pflegen. Ich
kann mich auf eine ausführliche Begründung dieses Satzes
durch Beispiele hier leider nicht einlassen. Ich will desshalb
nur daran erinnern, wie z. B. am Kaukasus sogar nicht urver-
wandte benachbarte Völkerschaften, die indogermanischen
Armenier und Iranier und die nichtindogermanischen Georgier
und andere, in der Hauptsache fast das nämliche Vocal- und
Consonantensystem haben. Innerhalb einer und derselben
Sprache herrscht oder herrschte vordem, wie besonders die
Forschungen der letzten Jahre auf verschiedenen Gebieten
überzeugend ergeben haben, fast durchweg continuierlicher
Übergang zwischen den einzelnen, die Gesammtsprache bil-
denden Dialekten; z. B. im Germanischen von dem Alemanni-
schen der Alpen bis zu dem Niedersächsischen der Nord- und
Ostseeküsten. Es ist mir kaum denkbar, dass mit solcher Continuität die Continuität der klimatischen Übergänge auf demselben Raumgebiete causaliter nichts zu schaffen habe.« [Das
physiologische und psychologische Moment in der sprachlichen Formenbildung (Sammlung gemeinverständlicher wissenschaftlicher Vorträge her. von Rud. Virchow und Fr. von
Holtzendorff, Heft 327) S. 19].

Über die Frage ob Klima und Lebensgewohnheiten auch
einen Einfluss auf die Lautveränderung haben (denn mehr behauptet Osthoff nicht), mit einiger Sicherheit zu urtheilen
ist vielleicht nicht möglich. Zwar wird man im Allgemeinen
gewiss zugestehen, dass ein Einfluss des Klimas wie auf den
ganzen Körper so auf die Sprachorgane gar nicht ausbleiben
kann, aber auf der anderen Seite muss man auch zugestehen,
dass die Physiologen eine solche Verschiedenheit der Organe,
aus der sich die Verschiedenheit in der Aussprache der einzelnen Laute erklärte, nicht beobachtet haben. Die Ähnlichkeiten zwischen nahe liegenden Sprachen, welche Osthoff
anführt, könnten vielleicht auch durch geschichtliche Einwirkung erklärt werden (wie z. B. die Aussprache der in Kurland
lebenden Deutschen etwas von der Aussprache der Letten angenommen hat), und vor allen Dingen fallen die zahlreichen
Ortsveränderungen, welche die Völker jeder Zeit vorgenommen
haben, als Gegeninstanz ins Gewicht. Sollte sich jemals eine

Einwirkung des Klimas auf den Lautwandel nachweisen lassen, so würde damit ein natürlicher Einfluss auf die Lautgestaltung constatiert sein, der von dem socialen oder geschichtlichen zu sondern wäre. Ich bin nicht in der Lage, über die von Osthoff wiederum angeregte Frage etwas Befriedigendes zu sagen, und gehe desshalb sofort zu der Theorie von Georg Curtius über.

Curtius sieht, wie oben (S. 102) bemerkt worden ist, den Hauptgrund der lautlichen Veränderungen in dem Streben nach Erleichterung, der menschlichen Bequemlichkeit, und Whitney stimmt ihm im Wesentlichen bei. Whitney's Ansicht lässt sich etwa so wiedergeben: Jede Generation lernt die Sprache von der vorhergehenden, ohne irgend wie zu reflectiren, also ohne die Absicht, irgend wie anders zu sprechen, als bisher gesprochen wurde. Die Veränderungen, welche der draussen stehende Beobachter findet, wenn er die Sprache der einen Generation mit der ihrer Vorgängerin vergleicht, gehen also völlig ohne Bewusstsein der betheiligten Menschen vor sich. Wo liegt nun der Antrieb zu diesen Veränderungen? Natürlich nicht in den Lauten selbst (das wäre eine mythologische Auffassung), sondern in den Menschen, welche das natürliche Bestreben haben, das ihnen Unbequeme zu meiden und das Bequemere zu bevorzugen. Also Bequemlichkeit oder Ersparung an Kraft ist das Gesetz, nach welchem in der Sprache sich alle Veränderungen unbewusst regeln. Dieses Gesetz, welches man als das Gesetz von der Ersparung der Arbeit bezeichnen kann, ist seinem Wirken nach Naturgesetzen wie dem Gesetz der Schwerkraft zu vergleichen. (Man lese namentlich Witney's Artikel: the principle of economy as a phonetic force in den Transactions der American philological association 1877.)

Dass das Gesetz von der Ersparung der Arbeit eine ganz hervorragende Rolle im Leben der Sprache spiele, wird sicherlich allgemein zugestanden werden. Indess gegen die Annahme, dass es das allein herrschende sei, erheben sich doch Bedenken. Das eine derselben ist wiederholt dahin formulirt worden, dass doch in der That nicht wenige Lautübergänge factisch vorliegen, die wir nicht in dieser Weise erklären können (so z. B. der Übergang von στ in ττ im Griechischen, der dem Zuge dieser Sprache zuwider ist). Whitney nun giebt, wie sich denken lässt, die Thatsache zu, leugnet aber die Beweiskraft. Es sei — so meint er — allerdings nicht möglich mit

dogmatischer Sicherheit zu behaupten, dass das Princip der
Ersparung der Arbeit das einzige sei, welches im Sprachleben
in Thätigkeit sei, es könne ja sein, dass auch andere Trieb-
kräfte niederen Grades vorhanden seien, aber es werde Zeit
sein, dieselben anzuerkennen, wenn sie klar ans Licht gestellt
sein würden. Das ist gewiss richtig, ich glaube aber schon in
der ersten Auflage dieser Schrift auf eine solche Triebkraft
hingewiesen zu haben, indem ich unter Verweisung auf Benfey Göttinger Nachrichten 1877 Nr. 21, Seite 550 sagte, es
sei doch klar, dass im Sprechen nicht bloss erstrebt wird was
bequem ist, sondern nicht weniger auch was gefällt. Ich bin
auch jetzt noch der Meinung, dass dieser Einwand gegen
Whitney's Ansichten (insofern es überhaupt ein Einwand
ist) wohlbegründet ist, wenn ich auch zugebe, dass es schwer
ist zu zeigen, in welchem Umfange der genannte Trieb wirkt.
Ein Beispiel bietet mir eine Eigenthümlichkeit des deutschen
Militairs. In den Kreisen der deutschen Officiere ist es Sitte
durch die Nase zu sprechen. Diese Sitte mag wohl einen praktischen Grund haben, aber der einzelne, der in die neue
Verkehrsgenossenschaft eintritt, eignet sie sich an, weil es so
Mode ist und gefällt, sicherlich nicht aus Bequemlichkeits-
gründen. Über einen ähnlichen Vorgang berichtet Kempe-
len Mechanismus der menschlichen Sprache (1791): »In Paris
schien es mir, als wenn wenigstens der vierte Theil der Ein-
wohner schnarrte, nicht weil sie das rechte r nicht aussprechen
können, sondern weil man eine Annehmlichkeit darein
gesetzt hat und es einmal zur Mode geworden ist; und
diese Mode kann nicht wie andere Moden aufhören, denn
ganze Familien haben das Zungen-r längst verlernet, und das
Schnarren wird sich bei ihnen auf Kindeskinder fortpflanzen«
(vgl. Trautmann, Anglia 3, 216 ff.).

Unter diesen Umständen wäre es erwünscht, wenn sich
eine allgemeinere Fassung finden liesse, in welcher neben dem
Streben nach Bequemlichkeit auch die anderen denkbaren
Antriebe zur Veränderung ihre Stelle finden. Diese Fassung
wird sich leicht ergeben, wenn wir vorher noch die Frage auf-
werfen, ob die Umwandlungen, von denen hier gesprochen
wird, bei allen Mitgliedern einer Sprachgemeinschaft auf einen
Schlag hervortreten, oder ob sie von einem oder einigen Individuen ausgehen und sich von da aus ausbreiten. Man braucht
die Frage nur zu stellen, um sie zu beantworten. Wenn wir
hier wie in der ganzen folgenden Darstellung absehen von den

etwaigen Einwirkungen des Klimas, über die ich nichts Bestimmtes aussagen kann, so ist es klar, dass die Veränderungen in der Aussprache bei dem Einzelnen beginnen und sich von da zu den Mehreren und den Vielen durch Nachahmung von Seiten dieser fortpflanzen. Der letzte Grund aller Sprachveränderung kann also nur darauf beruhen, dass der Einzelne die ihm überkommene Sprache nicht genau so weiter giebt wie er sie erhält, sondern das Überlieferte, sei es aus Bequemlichkeit, sei es aus einem ästhetischen Triebe, sei es aus welchem Grunde immer, individualisiert.

Gegen diese Neuerungen arbeitet nun fortwährend der ausgleichende Gegendruck der allgemeinen Sprachgewohnheit, und so setzt sich aus diesen beiden Kräften der Individualisierung und Ausgleichung die Veränderung in der Lautgestalt der Sprache zusammen (vgl. namentlich Benfey a. a. O.). Zur näheren Erläuterung dieser allgemeinen Formel erwäge man noch Folgendes:

Man muss sich hüten, sich den Spielraum des Einzelnen (auch abgesehen von dem Gegendruck der Gesellschaft) zu gross vorzustellen. Zunächst muss man bedenken, dass bei dem Wandel der Laute schwerlich je praktische Interessen mitwirken, der Art wie es bei dem Wandel der Worte der Fall sein kann. Es kann wohl vorkommen, dass der Häuptling eines kriegführenden Stammes plötzlich gebietet, die Bezeichnungen gewisser Begriffe zu ändern, damit der lauschende Feind die Gespräche der Krieger nicht verstehen könne, oder es kann ein hervorragender Staatsmann oder Dichter ein vergessenes Wort aus irgend einem Grunde wieder hervorholen und plötzlich zu Ehren bringen — auf dem Gebiete der Laute aber scheint für ein so starkes und willkürliches Eingreifen des Einzelnen weniger Anlass. Sodann darf man nicht vergessen, dass die Laute der Sprache (oder doch ein Theil derselben) im Geiste der Sprechenden in Reihen geordnet sind, und dass die Veränderung eines Lautes die entsprechende Veränderung der übrigen Glieder seiner Reihe mit Naturnothwendigkeit nach sich ziehen muss. Ist einmal die Aussprache des *k* in gewisser Art verändert, so vollzieht sich die entsprechende Veränderung der übrigen Gutturalen von selbst, und ist somit ein erheblicher Theil der Laute der Möglichkeit individualisierender Veränderung entzogen. Vielleicht würde es nützlich sein, wenn dieser Gedanke bei unseren Betrach-

tungen über Lautveränderungen mehr zur Geltung käme als
bisher geschehen ist.

Endlich darf man das wohl als unzweifelhaft ansehen,
dass alle (oder doch fast alle) diese Akte unbewusst vollzogen werden. Wie sehr diese Behauptung für unsere heutige
Sprache zutrifft, davon kann man sich leicht auf dem Wege
des Versuches überzeugen. Die meisten Menschen wissen
nicht wie sie sprechen, und häufig kann man ihnen nur mit
der grössten Mühe klar machen, dass sie gewisse Feinheiten
der Aussprache, die ein geübter Beobachter an ihnen wahrnimmt, wirklich besitzen.

Von der vorgetragenen Auffassung aus lässt sich nun sowohl die Entstehung verschiedener Sprachen aus einer, als
auch die relative Gleichmässigkeit innerhalb der einen Sprache
verstehen.

Der erste Punkt, die Entstehung verschiedener Sprachen
aus einer, bedarf keiner langen Ausführung. Denken wir uns
eine kleine zusammengehörige Menge von Menschen, etwa
von einigen hundert Köpfen, die auf einem engen Gebiet zusammen lebt, so werden die Impulse zu Neuerungen, die von
den einzelnen Individuen ausgehen, sich leicht und schnell
mit der Gewohnheit und Neigung der übrigen in's Gleich-
gewicht setzen, die Ausgleichung wird ohne Schwierigkeit
erfolgen. Stellt man sich nun eine grössere Masse von Menschen auf weiterem Gebiete vor, die aber doch noch eine zusammenhängende Verkehrsgemeinschaft bilden, so wird der
Vorgang sich etwas anders gestalten. Die Ausgleichung wird
zwar stattfinden, aber sie wird für jeden einzelnen Fall längere
Zeit in Anspruch nehmen, als bei der kleineren Gemeinschaft,
und es werden also stets zwischen den einzelnen natürlichen
Gruppen der Redenden merkbarere Verschiedenheiten vorhanden sein, insofern die Einen noch das Alte, die Andern
schon das Neue sprechen. In's Stocken aber geräth die Ausgleichung erst, wenn sich eine Verkehrsstockung anbahnt,
und mit der Verkehrsgrenze bildet sich dann auch die Sprachgrenze. Natürlich können bei der Bildung einer Verkehrsgrenze sehr verschiedene historische Complicationen stattfinden. Ein ganz einfacher Fall ist folgender. Ein Stamm
siedelt sich an dem einen Ufer eines grossen Stromes an, später
wandert ein Theil auf das jenseitige Ufer. Dieser wird natürlich

eine Reihe von Jahren den Verkehr noch fortsetzen, aber allmählich lockern sich die Beziehungen zu den alten Stammes-
genossen, es finden nur noch vereinzelte Begegnungen statt,
die sprachlichen Impulse dringen nicht mehr über die Grenze.
So ist auf beiden Seiten der Anfang zu einer neuen Sprache
gegeben, der nun langsamer oder schneller sich auswachsen
kann. Verwickelter wird der Fall, wenn wir annehmen, dass
ein Theil der Auswanderer nach einer Reihe von Jahren wieder zurückkehrt, dann wird die Sprache derselben, falls sie
noch nicht stark selbständig entwickelt war, vielleicht vollständig von der alten Sprache absorbiert werden, oder sie wird
sich mit einer oder der anderen Eigenthümlichkeit geltend
machen, oder wenn die Verschiedenheit schon zu gross war,
wird eine Sprachinsel entstehen, die sich Jahrhunderte halten
kann, bis endlich doch der Verkehr die Nivellierung herbei-
führt. Indessen ist es weder möglich noch nöthig, die end-
lose Verschiedenheit historischer Gestaltungen im Einzelnen
vorzuführen[1]). Wird man doch selbstverständlich überall den

----

[1]) An dieser Stelle würde auch die Frage zu erörtern sein, in wie weit
eine Mischung von Sprachen stattfindet. Doch sind die Untersuchungen über diese Frage noch kaum ernstlich begonnen. Von Literatur
darüber ist mir bekannt: Sayce, Principles of Comparative Philology,
2. Aufl. London 1875 pag. 175—213; Derselbe, Introduction to the
Science of Language, 2. Aufl. London 1883, I pag. 219—225; Whitney,
on mixture in language, extract from Transactions of American Philological
Association 1881 (26 pag.); L. Adam, des idiomes négro-aryen et maléo-
aryen Paris 1883, 8º (vgl. Lit. Ctrlbl. 1883 Nr. 39, Sp. 1375—76); Hugo
Schuchardt, Kreolische Studien I—IV (Sitzungsberichte der Wiener
Akademie 1883); G. v. d. Gabelentz und A. B. Meyer, Beitrag zur
Kenntniss der melanesischen u. s. w. Sprachen (Abh. d. K. Sächs. Ges. d.
Wiss. 1883). In dieses Forschungsgebiet gehört auch die Frage, ob, wenn
Völkermischung stattfindet, ein Volk die Aussprache des andern ganz oder
theilweise annimmt, so dass man also die Sprachgewohnheiten des aufge-
sogenen Volkes in dem Überwinder noch fortdauern sähe. Diese Frage ist
für das indogermanische Gebiet von Ascoli schon früher und namentlich
neuerdings behandelt worden in seiner Lettera glottologica, Torina 1881.
Ascoli ist der Meinung, dass die grosse Verschiedenheit zu welcher sich
im Laufe der Zeit die indogermanischen Sprachen entwickelt haben, hauptsächlich aus der Kreuzung der Völker zu erklären sei, so dass also z. B.
die tiefgreifende Umgestaltung, welche das Lateinische, verglichen mit dem
ihm sonst so nahe stehenden Griechisch, erfahren habe, in der starken Mischung der Einwandernden mit Urbewohnern ihren Grund habe. Den in's
Einzelne gehenden Nachweis, dass die Lautgestalt einer Sprache durch
Völkermischung mit bestimmt werde, führt A. auf dem galloromanischen
Gebiet, indem er zu zeigen sucht, dass die Kelten gewisse Eigenthümlichkeiten in der Hervorbringung der Laute noch beibehielten, als sie statt der
ihrigen schon die romanische Sprache angenommen hatten. Dahin gehört
namentlich: das betonte lange *u* des Lateinischen wird auf dem galloromanischen Gebiet zu *ü* und weiterhin zu *i*, gerade so wie das alte lange *u*

Satz bestätigt finden, dass, wo keine Verkehrseinheit vorhanden ist, auch keine Spracheinheit bestehen kann. Schwieriger ist die Frage zu beantworten, wie gross innerhalb einer einheitlichen Sprache die Gleichmässigkeit sein wird. Zuvörderst ist wohl so viel klar, dass niemals die verschiedenen Individuen einer Sprachgemeinschaft völlig gleich reden können, wir werden also von vornherein zugestehen müssen, dass eine einheitliche Sprache strenggenommen nur im Individuum, oder doch nur bei einer ganz beschränkten Zahl von Individuen vorhanden sein kann, und werden also die uns beschäftigende Frage näher dahin bestimmen müssen: Lässt sich erwarten, dass bei dem einzelnen Individuum der Lautwandel an sich völlig gleichmässig und gesetzmässig vor sich gehen werde?

Gerade bei der Beantwortung dieser Frage tritt — wie sich erwarten lässt — die Verschiedenheit der Standpunkte deutlich hervor. Aber in einer Beziehung scheint mir doch völlige Einstimmigkeit zu herrschen. Es wird so viel ich sehe allseitig zugestanden (oder sollte doch zugestanden werden), dass bei dem Übergang von einer Aussprache eines Lautes zur andern ein Zustand des Schwankens entstehen kann, in welchem dasselbe Individuum denselben Laut bald so bald an-

---

in den kymrischen Mundarten zu *i* wird, ferner: das betonte lange *e* des Lateinischen erhält auf dem galloromanischen Gebiet eine zweigipflige Betonung, gerade so wie das altkeltische *ē* im Kymrischen, und drittens: das lateinische *ca* erfährt eine galloromanische Umformung zu *ća*. Man hat also z. B. anzunehmen, dass das vulgärlateinische *cadére* fallen eine galloromanische Umformung in *ćadeir ćadoir* erhielt, woraus sich dann die Formen der betreffenden romanischen Sprachen erklären. So weit Ascoli. Über die Kraft seiner Beweise wird man, wie ich glaube, verschieden urtheilen, weil man gegen ihn geltend machen kann, dass doch auch auf Gebieten, die keine keltische Mischung haben, die gleichen Erscheinungen auftreten, so die Verwandlung von *ū* zu *ü* im slavischen Gebiet. Dass aber der Grundgedanke ein fruchtbarer sei, und dass er also bei unsern Untersuchungen mehr, als es bisher geschehen ist, im Auge behalten werden muss, wird derjenige nicht leugnen wollen, der je in einem Lande gelebt hat, wo mehrere Völker neben und durch einander wohnen (vgl. auch oben S. 117 und Hübschmann K. Z. 24, 396). Ich möchte namentlich auf einen Punkt hinweisen, der bis jetzt noch ganz vernachlässigt ist: den Satzton. Die Dialekte des Deutschen unterscheiden sich gerade durch die Satzbetonung in sehr augenfälliger Weise. Jedermann weiss, dass die Bewohner des Königreichs Sachsen »singen«. Aber noch ist meines Wissens kein Versuch gemacht worden, nach der Satzbetonung die Grenzen der jetzt gesprochenen Dialekte zu bestimmen. Diesen Satzton nun lernen die Völker einander gern ab. So ist z. B. unzweifelhaft, dass die in Russland wohnenden Deutschen von den Russen eine bestimmte Satzmelodie entlehnt haben, welche auftritt, wenn ein erwartetes Ergebniss mitgetheilt wird, und u. a. durch ein sehr starkes Senken des Tones bezeichnet ist.

ders ausspricht. Sievers z. B. (Lautphysiologie S.
127) äussert
sich über diesen Punkt folgendermassen: »Die spontane Bildung neuer Lautformen geht selbstverständlich vom einzelnen
Individuum oder einer Reihe von Individuen aus, und erst
durch Nachahmung werden diese Neuerungen allmählich auf
die gesammte Sprachgenossenschaft übertragen, der diese
Individuen angehören. Die vollständige Auseinandersetzung
zwischen den alten und den neuen Formen, die in Collision
treten, kann unter Umständen lange Zeit in Anspruch nehmen. Eine Zeit lang werden beide Formen wohl promiscue gebraucht, auch werden sie wohl je nach der Stellung des Lautes
in verschiedener Weise verwendet, bis schliesslich die neue
Lautform die ältere ganz verdrängt.« Zugleich führt Sievers
einige Beispiele solchen Schwankens aus der Praxis der Beobachtung an, indem er sagt: »Beispiele für das Schwanken
zwischen zwei Formen bieten z. B. viele norddeutsche Mundarten, welche tönende und tonlose Media ohne Unterschied
verwenden, ebenso z. B. auch das Armenische in verschiedenen Dialekten. Die mittel- und süddeutschen Mundarten
sind dagegen schon längst in die Periode der Alleinherrschaft
der tonlosen Media eingetreten.«

Brugman in Kuhn's Zeitschrift 24, 6 argumentiert ganz
ähnlich, nur dass er solchen Übergangszeiten nicht wie
Sievers unter Umständen lange, sondern nur kurze Dauer
zugestehen möchte.

Es versteht sich, dass ein Streit über so elastische Bestimmungen, wie lang und kurz, überflüssig sein würde. Es
kommt vielmehr darauf an, weitere Beobachtungen aus lebenden
Sprachen zu sammeln, von denen aus man dann auf die alten
Sprachen schliessen könne. Aus dem Griechischen dürfte
wohl der schwankende Rhotacismus der alten elischen In-
schriften hierher gehören, die bekanntlich τοῖς und τοῖρ und
Ähnliches neben einander bieten. Wie gross der Unterschied
zwischen σ und ρ in der Aussprache wirklich gewesen sei, lässt
sich leider nicht feststellen, vielleicht wurde statt σ am Ende
ein Laut wie der indische Visarga gesprochen, und vielleicht
war das auslautende ρ nicht dental, sondern guttural, dann
wäre der wirkliche Abstand zwischen den beiden Lauten ein
sehr geringfügiger gewesen. Dass der Abstand zweier Laut-
gestalten, zwischen denen das sprechende Individuum schwankt,
in einer indogermanischen Sprache sehr erheblich sein könne,
lässt sich von vornherein nicht annehmen, während auf an-

deren Sprachgebieten, z. B. in den Sprachen der amerikanischen Ureinwohner der Abstand recht gross sein kann.[1])

Indessen wie man auch über diese Einzelheiten urtheilen mag, in der theoretischen Anerkennung der Möglichkeit von Übergangsepochen herrscht Übereinstimmung. Dagegen besteht darüber Zwiespalt, ob man annehmen soll, dass auf dem Gebiete des Lautwandels an sich dauernde Ungleichmässigkeiten in der Behandlung eines und desselben Lautes sich festsetzen können. Die Fragen, um die es sich dabei handelt, sind namentlich folgende zwei:

Erstens: Ist anzunehmen, dass eine Lautveränderung bei einer Reihe von Wörtern zur Erscheinung kommen wird, bei anderen aber nicht?

Zweitens: Ist anzunehmen, dass eine und dieselbe Wortform sich auf lautlichem Wege zu dauernd verschiedenen Gestalten entwickeln kann?

Die erste Frage wurde früher in der Praxis unbedenklich bejaht; so fand z. B. Bopp kein Arg darin, anzunehmen, dass zwar das *s* des Aorists im Griechischen regelmässig durch σ vertreten werde, aber ausnahmsweise in ἧκα ἔθηκα ἔδωκα durch κ, und bemühte sich nicht, etwa einen besonderen Grund für diese merkwürdige Ausnahme ausfindig zu machen. Bei zunehmender Schärfe in der Behandlung der Lautveränderung ist man natürlich gegen solche Annahmen immer misstrauischer geworden, und von einer Anzahl von Sprachforschern werden sie grundsätzlich und entschieden verworfen. Eine theoretische Behandlung ist der Angelegenheit neuerdings von Brugman, Kuhn's Ztschr. 24, 4 und Bezzenberger, Gött. gel. Anz. vom 21. Mai 1879 zu Theil geworden.

Man könnte die Möglichkeit einer ungleichen Behandlung der Laute in verschiedenen Worten von zwei Seiten aus construieren. Man könnte nämlich erstens annehmen, dass jede Lautveränderung bei einem bestimmten Worte beginne und sich von diesem aus weiter fortsetze, also z. B. von einem Substantivum auf andere, von da auf Adjective und Participia, und so zum Verbum gelange. Unter dieser Voraussetzung wäre es ja wohl denkbar, dass gewisse Wörter von einem Lautwandel nicht ergriffen würden, dass man also z. B. in Prae-

---

[1]) Man kann aber über das Elische nicht mit Sicherheit entscheiden, weil vielleicht Ungenauigkeiten und Willkürlichkeiten bei der Übertragung des Lautes in die Schrift stattgefunden haben.

positionen, Adverbien und anderen verhältnissmässig isolierten
Wörtern den alten Lautstand beibehielte, und bei den übrigen
Wörtern einen neuen durchführte. Aber augenscheinlich
würde eine solche Annahme den Thatsachen nicht entsprechen,
vielmehr scheint mir Brugman im Recht zu sein, wenn er
den Vorgang so beschreibt: »Wenn eine Reihe von Individuen
in einem bestimmten Zeitpunkt ein *r*, welches sie bis dahin
regelmässig dental ausgesprochen haben, in ein gutturales *r*
verwandeln, oder wenn sie ein *a*, welches sie vor *l* bis dahin
regelmässig mit hellerem Timbre hervorgebracht haben, nunmehr mit tieferer Klangfarbe sprechen, so nimmt diese Bewegung nicht bei einzelnen bestimmten Wörtern ihren Anfang,
so dass, was zuerst nur für diese einzelnen bestimmten Wörter
gilt, erst allmählich auch auf andere Wörter übertragen wird,
sondern die Bewegung beginnt bei den Sprachorganen
selbst, und man hat zu erwarten, dass jedes bis dahin dental gesprochene *r*, ganz einerlei in welchem Worte und in welcher Wortkategorie es steht, und ebenso jedes bis dahin vor
l in hellerem Timbre gesprochene *a*, wenn es die Sprachwerk-
zeuge passiert, die Abänderung erfährt.« Nur ist der Ausdruck,
die Bewegung beginne bei den Sprachorganen selbst, nicht
glücklich, insofern er so verstanden werden kann, als beginne
jeder Lautwandel mit einer physischen Veränderung des Kehl-
kopfs u. s. w. Ich würde daher lieber sagen: die Bewegung
beginne bei der Aussprache der Laute.

Dass es sich wirklich so verhält, dürfte nicht bloss die
Erfahrung an Volksmundarten beweisen, sondern auch die
Überlegung, dass nur unter der Voraussetzung einer gleich-
mässigen und consequenten Aussprache der Laute die An-
eignung einer fremden Sprache erklärlich ist.

Eine andere Art, sich die Sache zurechtzulegen, ist von
Bezzenberger a. a. O. 652 angedeutet worden. Er geht von
der unanfechtbaren Voraussetzung aus, dass an zwei Punkten
desselben Sprachgebietes verschiedene Lautneigungen entstehen können, so kann z. B. in dem einen Theile ein gewisser
k-Laut zu *s* werden, in dem anderen zu *sz* (d. i. sch). Nun gleichen sich, so meint er, die verschiedenen Neigungen aus, und
das Resultat ist, dass in gewissen Wörtern *sz*, in anderen *s*
erscheint. So sei im Litauischen *sz* der regelrechte Reflex des
einen der indogermanischen *k*-Laute geworden, aber in *visas*
und *sauja* habe sich dafür *s* festgesetzt. Ich kann aber dieser
Auffassung nicht beitreten. Sie würde zwar nicht die einzig

mögliche sein, aber doch stärker als jetzt empfohlen sein,
wenn die Thatsache vorläge, dass die zwei verschiedenen
Laute sich so zu sagen in die Wortmasse theilten. Diese Thatsache aber liegt nicht vor, sondern (um in Bezzenberger's
Sprache zu reden) die eine Neigung hat die andre fast durchaus
überwogen, und von der anderen sind nur kümmerliche Reste
erhalten. Wie sonderbar, dass die Sprechenden, welche in
hundert Fällen *sz* annehmen, in einem oder zweien sich zu
dem *s* bequemten, und warum geschah das gerade in diesen
Fällen! Ist es nicht viel natürlicher anzunehmen, dass die
vereinzelte Ausnahme von der empirischen Regel gar nicht
dem Lautwandel an sich, sondern einem anderen Grunde ihre
Entstehung verdankt, wenn es auch, wie im vorliegenden
Falle, uns nicht gelingen will, diesen speciellen Grund
zu ermitteln. Bezzenberger hat a. a. O. derselben Voraussetzung auch noch eine etwas andere Wendung gegeben, indem er annimmt, zwei von verschiedenen Aus-
gangspunkten ausgehende und dann zusammenstossende
Lautneigungen könnten sich so ausgleichen, dass die eine
Lautform bei einer Kategorie von Formen, die andere bei der
anderen auftrete. Er denkt sich also z. B. — so verstehe ich
seine Andeutungen — wenn im Mittelfränkischen durchweg
die Tenuis *t* zu *z* verschoben erscheint, mit Ausnahme des
neutralen *t* in *dat wat it allet dit*, den Hergang so, dass von
einer Seite die Neigung kam, das *t* zu erhalten, von der anderen die Neigung es zu verschieben, und dass der überlieferte Zustand des Mittelfränkischen einen Compromiss zwischen beiden Neigungen darstellt. Aber Paul hat in den
Beiträgen von Paul und Braune 6, 554 gezeigt, dass dieser
Fall anders zu erklären ist. Die erhaltenen *t* des Mittelfränkischen stehen im Auslaut der Silbe, und es ist wahrscheinlich,
dass überhaupt die auslautenden *t* lautgesetzlich nicht verschoben worden sind, so dass eine Flexion wie **fat fazzes* anzusetzen wäre. Nun ist *fat* von *fazzes* attrahiert und zu *faz*
geworden, das *t* ist aber da geblieben, wo derartig attrahie-
rende casus obliqui nicht vorhanden waren, nämlich bei *dat*
wat it dit allet.

Aber selbst wenn man im einzelnen Fall hinsichtlich der
Erklärung zweifelhaft sein könnte, so möchte ich doch glauben, dass die Bezzenberger'sche Anschauungsweise schon
aus dem allgemeinen Grunde nicht annehmbar ist, weil sie
bei den Sprechenden eine zu starke Betheiligung der Über-

legung voraussetzt, und bin also der Meinung, dass für die
wenigen analogen Fälle, die Bezzenberger noch anführt,
ebenfalls eine andere Erklärung gesucht werden muss.

Mir scheint demnach, dass die erste der aufgeworfenen
Fragen zu verneinen ist.

Ebenso wie mit dieser ersten geht es mir mit der zweiten
Frage, welche so lautete: »Ist anzunehmen, dass ein und dieselbe Wortform sich auf lautlichem Wege zu dauernd verschiedenen Gestalten entwickeln kann?« Ich sehe mich ge-
nöthigt mit Leskien, Osthoff, Brugman u. a. auch diese
Frage zu verneinen, obwohl so hervorragende und sonst in
ihren Überzeugungen so oft auseinandergehende Gelehrte wie
Benfey und Curtius sie bejahen.

Ein klassisches Beispiel für diese Annahme sind die Zwillinge μείζονες — μείζους, welche aus der gemeinsamen Urform
μείζονσες entstanden sein sollen. Aus μείζονσες soll (nach
Curtius) auf der einen Seite etwa μείζοϸες (ο̥ gleich Nasal-
vocal) dann μείζοϸες ferner μείζοες und endlich μείζους, auf der
anderen Seite μείζοννες, dann μείζονες geworden sein. Man
könnte, um sich den Gang der Entwickelung anschaulich zu
machen, annehmen, dass die Doppelheit von einem Punkte
des Sprachgebiets ihren Ursprung genommen habe. Dann
hätte man sich vorzustellen, dass der Einzelne bald die eine
bald die andere Veränderung der Gruppe *ns* versucht und
beide im Gedächtniss behalten hätte. Nun ist aber, wie mir
scheint, nicht abzusehen, was ein sprechendes Individuum
veranlassen könnte, in dieser Weise zu schwanken, und das
Schwanken so beharrlich festzuhalten, und namentlich nicht,
was die Übrigen veranlassen konnte, ihm zu folgen, während
doch bei der Bedeutungsgleichheit der beiden Formen nicht
das geringste praktische Interesse an ihrer Unterscheidung
haftete. Ich kann mir demnach nicht denken, dass Vorgänge
wie der angedeutete sich in der Sprache wirklich abspielen.
Ebenso wenig scheint mir die andere mögliche Annahme gestattet, nämlich die, dass der Anlass zu der Formscheidung
von zwei verschiedenen Stellen des Sprachgebietes ausgegangen
sei. Man könnte ja annehmen wollen, dass etwa im Westen
μείζονες, im Osten μείζους entstanden, und nun Austausch
zwischen den beiden Sprachhälften eingetreten sei. Dass an
verschiedenen Punkten eines Sprachgebietes sich eine Lautgruppe auf verschiedene Weise weiter bildet, liegt natürlich
durchaus nicht ausser dem Bereiche der Möglichkeit, aber

dass sich die Keime der Verschiedenheit derartig entwickeln, wie bei μείζους neben μείζονες angenommen werden müsste, wäre nur dann möglich, wenn die 'Ausgleichung ins Stocken gerathen und also das Verkehrsgebiet nicht mehr einheitlich ist. Unter dieser Annahme wäre es sehr begreiflich, wenn sich zwei Dialekte bildeten, deren einer die Form μείζους, der andere die Form μείζονες hat, aber wie diese beiden Dialekte sich gegenseitig ihre Form abborgen sollten, ist nicht abzusehen.

Ich kann also, von welcher Seite ich die Sache auch ansehe, nicht begreifen, wie aus μείζονσες in demselben Dialekt μείζους und μείζονες hätte werden können, und bin also der Meinung, dass die eine Form sich auf dem Wege des Lautwandels, nämlich μείζους aus einer Nominativform μείζοσες entwickelt habe, μείζονες dagegen eine Analogiebildung nach μείζων sei. Wie freilich bei diesem das *n* zu erklären sei, darüber kann man noch streiten. Man vergleiche hierüber die ausführliche Erörterung von Brugman in Kuhn's Zeitschrift 24, 1 ff.

Nunmehr sind wir gerüstet, die im Eingang aufgeworfene Frage »sind die Lautgesetze an sich ausnahmslos?« zusammenfassend zu beantworten.

Wir haben gesehen, wo man derartige Gesetze zu finden erwarten kann. Jedenfalls nicht in der gesammten Masse irgend einer vorliegenden Volks- oder Cultursprache. Denn es lässt sich nicht erwarten, dass alle Individuen innerhalb einer Sprachgemeinschaft völlig gleich sprechen werden. Wir können sie also nur erwarten bei dem einzelnen Individuum, oder vielmehr, wenn wir ganz genau sein wollen, nur im Momentandurchschnitt der Sprache eines Individuums. Von demjenigen nun, was ein Individuum in einem bestimmten Moment seines Lebens spricht oder sprechen würde, wenn es den gesammten Wortschatz durch sein Organ passieren liesse, ist zunächst alles das abzuscheiden, was man als Entlehnung (im weitesten Sinne) ansehen muss, sodann sind alle auf Wirkung der Analogie beruhende Lautgestaltungen wieder aufzuheben. Ist das geschehen, so bleibt die durch den Lautwandel an sich bewirkte Lautgestalt übrig. In dieser erst dürfen wir — abgesehen von den etwaigen Schwankungen innerhalb eines Übergangsstadiums — erwarten völlige Gleichmässigkeit in der Behandlung aller analogen Fälle zu finden, und in diesem Sinne muss man behaupten, dass die Lautgesetze an sich ausnahmslos seien.

Somit ist zwar zuzugestehen, dass völlige Gesetzmässig-

keit des Lautwandels sich nirgend in der Welt der gegebenen
Thatsachen findet, es liegen aber genügende Gründe vor,
welche zu der Annahme führen, dass gesetzmässig verlaufen-
der Lautwandel einer von den Faktoren ist, aus deren gemein-
schaftlichem Wirken die empirische Gestalt der Sprache hervorgeht. Im einzelnen Falle freilich wird es immer nur an-
nähernd möglich sein, diesen einen Faktor in seiner Reinheit
darzustellen.

Zugleich folgt aus der obigen Darstellung, ob und inwieweit man innerhalb der Lautlehre von Gesetzen oder gar
Naturgesetzen reden kann.

Die Lautgesetze, welche wir aufstellen, sind, wie sich gezeigt hat, nichts anderes als Gleichmässigkeiten, welche in
einer gewissen Sprache und Zeit auftreten, und nur für diese
Gültigkeit haben. Ob für dieselben der Ausdruck Gesetz
überhaupt anwendbar sei, ist zweifelhaft. Indessen vermeide
ich es, in eine Erörterung über den Begriff Gesetz, wie er in
der Naturwissenschaft und Statistik angewendet wird, einzugehen, weil ich finde, dass der Sprachgebrauch »Laut g e s e tz«
so fixiert ist, dass er nicht wieder vertilgt werden kann, und
ausserdem, weil ich keinen besseren Ausdruck dafür vorzu-
schlagen weiss. Er ist auch unschädlich, wenn man festhält,
dass er keinen anderen Sinn als den angegebenen haben kann.

Nicht billigen kann ich die Bezeichnung der Lautgesetze
als Naturgesetze. Mit chemischen oder physikalischen Gesetzen haben offenbar diese geschichtlichen Gleichmässigkeiten keine Ähnlichkeit. Die Sprache setzt sich aus menschlichen Handlungen zusammen und folglich gehören die Lautgesetze nicht in die Lehre von der Gesetzmässigkeit der Natur-
vorgänge, sondern in die Lehre von der Gesetzmässigkeit der
scheinbar willkürlichen menschlichen Handlungen.

Siebentes Kapitel.

〜〜〜〜

Die Völkertrennungen.[1])

Wie oben S. 1 erwähnt, hatte William Jones schon 1786 sich dahin geäussert, dass jeder Philologe, der das Sanskrit, Griechische und Lateinische mit einander vergleiche, zu der Meinung kommen müsse, dass diese drei Sprachen aus einer gemeinschaftlichen Quelle abgeleitet werden müssen, welche vielleicht nicht mehr existiert. Nicht ganz so zwingend seien die Gründe, für das Gothische und Keltische dasselbe Verhältniss anzunehmen. Bei Friedrich Schlegel fanden wir einen Rückschritt gegenüber Jones, insofern er behauptet, bei der Vergleichung ergebe sich, dass die indische Sprache die ältere sei, die anderen aber jünger und aus jener abgeleitet. Auch Bopp drückt sich im Beginn seiner schriftstellerischen Thätigkeit nicht immer richtig aus, so redet er im Conjugationssystem S. 9 von den Sprachen, die »von dem Sanskrit, oder mit ihm von einer gemeinschaftlichen Mutter abstammen«, später aber in correcter Weise immer nur von einem schwesterlichen Verhältniss. Auch hütet er sich, die Ursprünglichkeit und Alterthümlichkeit des Sanskrit zu überschätzen. So findet sich zu § 605 der ersten Auflage der Vgl. Gr. eine später weggelassene Anmerkung, welche so lautet: »Ich habe schon in meinem Conjugationssystem und in den Annals of Oriental Literature (London 1820) darauf aufmerksam gemacht, dass das Skr. *tutupa* in der 2. P. pl. eine verstümmelte Form sei, und in den früheren Abtheilungen dieses Buches ist sehr oft darauf hingewiesen worden, dass das Sanskrit in einzelnen Fällen im Nachtheil gegen seine Europäischen Schwester-Idiome steht. Darum hat es mich befremdet, dass Hr. Prof. Höfer in seiner Schrift ‚Beiträge‘ etc. S. 40 so ganz im Allgemeinen behauptet, dass es den neueren Forschern nicht habe gelingen wollen, ‚von dem unglück-

---

[1]) Zu diesem ganzen Abschnitt vergleiche man jetzt: Brugmann, Zur Frage nach den Verwandtschaftsverhältnissen der indogermanischen Sprachen in Techmer's Internationaler Zeitschrift für allgemeine Sprachwissenschaft (Leipzig 1883) 1, 226 ff.

lichen Wahne der eingebildeten Unverletzlichkeit und uran-
fänglichen Treue und Vollendung des Sanskrit sich gänzlich
frei zu machen.' Ich meinestheils habe solche uranfängliche
Treue dem Sanskrit niemals zugetraut, und es hat mir immer
Vergnügen gemacht, auf die Fälle aufmerksam zu machen,
wo die Europäischen Schwestersprachen ihm den Rang ab-
laufen u. s. w.«
    Für die eine Stammsprache nun, aus der die Einzel-
sprachen herstammen, hat Bopp keine feste Bezeichnung.
Er spricht von der einen Stammsprache, der Periode der
Spracheinheit, von der Urperiode der Sprache, der uralten Bil-
dungsperiode u. s. w. Die eine nicht mehr existierende Stammsprache dachte sich Bopp im Wesentlichen wie eine der
Schwestersprachen. Namentlich verdient hervorgehoben zu
werden, dass er für dieselbe nicht etwa Unveränderlichkeit in
Anspruch nahm. Vielmehr nimmt er an, dass zur Zeit der
Identität der jetzt geschiedenen Sprachen schon manche Zer-
rüttungen in dem Organismus jener einen Stammsprache
stattgefunden hatten« (§ 673). So nimmt er z. B. an, dass in
urältester Zeit die Feminina auf $\bar{a}$ im Nominativ -s gehabt,
dasselbe aber schon in der Periode der Sprach-Einheit verloren haben. Über die Wohnsitze des Volkes, welches diese
Grundsprache geredet hat, finde ich bei Bopp keine Vermuthung ausgesprochen, wie ihm denn überhaupt der cultur-
geschichtliche Gesichtspunkt fern liegt [1].
    Aus der »Urheimat« haben sich die einzelnen Sprachen
losgelöst durch »Individualisierung«. Auch der Ausdruck
»Sprachtrennung« kommt vor (§ 493). Über die nähere oder
fernere Verwandtschaft d. h. über die Reihenfolge derselben
in der Absonderung von einander hatte Bopp folgende Meinung: Nah zusammen gehören in Asien das Indische und
Medopersische, in Europa das Griechische und Lateinische.
Hinsichtlich der Stellung des Slavischen hat sich Bopp's
Meinung im Laufe der Zeit geändert. Zuerst (Vgl. Gr. ¹,
S. 760) betrachtete er das Litauische, Slavische und Germanische gleichsam als »Drillinge«, später (Über die Sprache der
alten Preussen, Abh. der Berl. Akad. 1853, S. 80) formulierte
er seine Ansicht so: »Die Absonderung der lettisch-slavischen

---

[1] Es lässt sich nicht mit Sicherheit ausmachen, ob das Urvolk in
Asien oder Europa gewohnt hat. Die ganze Frage ist historisch und erör-
ternd in gründlicher Weise von O. Schrader, Sprachvergleichung und Ur-
geschichte Jena 1883 behandelt worden.

Idiome von der asiatischen Schwestersprache, man mag sie
Sanskrit nennen oder ganz unbenannt lassen, ist später eingetreten als die der klassischen, germanischen und keltischen
Sprachen, aber doch noch vor der Spaltung des asiatischen
Theils unseres Sprachgebiets in den medopersischen und den
indischen Zweig.« Eine specielle Verwandtschaft der Kelten-
und Römersprache nahm er nicht an.

Der erste, welcher ein förmliches System der Ver-
zweigung der indogermanischen Sprachen (unter dem Bilde
eines Stammbaumes) aufstellte, war Schleicher. Er
stimmte mit Bopp überein in der Annahme einer näheren
Verwandtschaft des indischen und iranischen Sprachzweiges,
und des Italischen mit dem Griechischen, wich aber namentlich ab in Bezug auf die Stellung des Litu-Slavischen.
Er suchte nämlich nachzuweisen, dass die Ähnlichkeiten in
der Lautgestaltung, welche zwischen den asiatischen Sprachen
und dem Litu-Slavischen zweifelsohne vorhanden sind, nicht
aus der Urzeit stammen, sondern in jeder Gruppe besonders
entstanden seien. Er nimmt also z. B. an, dass das Zahlwort
für hundert in der Grundsprache *kantam* lautete, und sich
daraus nach der Trennung des Urvolkes in zwei Völker im
asiatischen Theile *çatam* und völlig davon getrennt im Slavischen *süto* entwickelte, so dass also die Ähnlichkeit von *ç*
und *s* in diesem Worte, in welchem Griechisch und Lateinisch
das alte *k* bewahrt haben, nicht zu einem genealogischen
Schlusse verwerthet werden könnte (vgl. Beiträge 1, 107). So
trennt er denn das Litu-Slavische völlig von dem asiatischen
Theile ab, und stellt es mit Jacob Grimm zu dem Germanischen. Den Hauptbeweis für die nahe Verwandtschaft dieser
Sprachen bildet ihre Übereinstimmung im dat. plur., in welchem sie *m* zeigen, während die übrigen Sprachen *bh* haben,
(z. B. slav. *vlŭkomŭ* und got. *vulfam*, aber skrt. *vṛkébhjas*).
Da Schleicher ferner das Keltische zum Italischen stellt
(Beitr. 1, 437), so ergeben sich ihm folgende drei Gruppen:
1) die asiatische, 2) die slavodeutsche, 3) die gräcoitalokeltische.
Das historische Verhältniss derselben bestimmte er nach der
Treue, mit der jede der drei Gruppen (seinem Eindruck nach)
den Typus der Ursprache erhalten hat. Diese Treue erschien
ihm bei dem Slavodeutschen am geringsten, also nahm er an,
dass dieser Theil zuerst aus dem Urvolk ausgeschieden sei,

dann die Gräcoitalokelten, so dass als Rest die Asiaten übrig bleiben. Indessen diese chronologische Anordnung beruht augenscheinlich auf einem sehr anfechtbaren Räsonnement. Die weiter gehende Entartung des Slavodeutschen (wenn sie anders als bewiesen angesehen werden kann) kann ja einfach darauf beruhen, dass das Slavodeutsche sich schneller entwickelt hat, als seine Schwestersprachen. Schleicher's Begründung reicht also nicht aus, um das Slavodeutsche von der grossen europäischen Masse, zu der es geographisch gehört, zu trennen. Dass es auch in sprachlicher Rücksicht dahin gehöre, führte Lottner aus in Kuhn's Zeitschrift 7, 18 ff. Er statuiert zwei grosse Gruppen, die asiatische und die europäische, welche letztere sich besonders durch gemeinsames *l* gegenüber dem asiatischen *r* auszeichne (z. B. πολύ *filu* gegenüber skrt. *purú*). Ein weiteres Kennzeichen fügte G. Curtius hinzu, nämlich das an vielen Stellen gleichmässig erscheinende *e* gegenüber dem asiatischen *a* (z. B. φέρω *fero*, got. *baira* d. i. *běra* gegenüber *bhárāmi*). So schien denn die Annahme sehr wahrscheinlich, dass die Indogermanen, welche als sie noch zusammen waren eine einheitliche Sprache redeten, sich zunächst in Europäer einerseits und Asiaten andererseits gespalten haben, und dass dann in beiden Gruppen nach der Trennung sich gewisse Eigenthümlichkeiten entwickelten, wie z. B. das *e* in Europa, welche weiterhin sämmtlichen Unterabtheilungen der Hauptgruppe anhafteten. Solcher Unterabtheilungen schienen sich in Europa zunächst zwei zu ergeben, die nördliche und die südliche, von denen die erstere sich dann wieder in Slavisch und Germanisch, die südliche in Griechisch, Italisch und Keltisch spaltete.

Am wenigsten leicht wollte sich das Griechische fügen. Einige Gelehrte nahmen an, dass aus der südeuropäischen Masse sich zuerst das Keltische losgelöst habe, und dann Griechisch und Italisch noch zusammengeblieben seien, andere (wie Schleicher) entschieden sich für engere Gemeinschaft des Italischen und Keltischen, andere endlich trennten das Griechische gänzlich von Europa und wiesen es nach Asien. So urtheilt Grassmann (Kuhn's Zeitschrift 12, 119) welcher mit grosser Sicherheit von den vielen Erscheinungsformen redet, »in welchen die weitreichende Harmonie zwischen griechischem und arischem (vorbrahmanischem) Wesen in Sprache, Poesie, Mythus und Leben uns entgegentritt, und Zeugniss

ablegt von der mächtigen Geistesentwickelung, welche das
griechisch-arische Stammvolk nach der Abscheidung der
übrigen Völkerstämme durchmachte«. Derselben Meinung
ist auch Sonne in einem wie es scheint jetzt vergessenen [1])
Programm: Zur ethnologischen Stellung der Griechen, Wis-
mar 1869.

Allen diesen Hypothesen nun, insofern sie mit dem Gedanken der Völker- oder Sprach-Trennung operieren, trat
Johannes Schmidt in einem Aufsatz über die Verwandtschaftsverhältnisse der indogermanischen Sprachen (Weimar
1872) entgegen. Johannes Schmidt knüpft an denselben
Punkt an, von dem aus Schleicher's Opposition gegen
Bopp ausging, nämlich an das Verhältniss des Litu-Slavischen
zum Asiatischen, giebt aber Bopp im Wesentlichen Recht.
In der That ist es doch höchst auffällig, dass aus dem *k* von
kantam in beiden Gruppen ein Zischlaut (oder doch etwas
dem Ähnliches) wird, während z. B. das *k* von *ka* »wer« in
beiden Gruppen bleibt. Sollte diese auffällige Gleichheit
nicht aus gemeinsamer Entwickelung erklärt werden müssen,
und ist es nicht unerlaubt, wie Schleicher thut, dabei an
historischen Zufall zu denken? Ist aber Bopp's Ansicht richtig, so giebt es gar keine Spaltung zwischen Asien und Europa,
sondern nur »kontinuierliche Vermittelung«. Und denselben
Zustand findet Schmidt auch in Europa. Er erkennt an,
dass Griechisch, Italisch und Keltisch nahe zusammengehören,
aber eine historisch abgesonderte Gruppe bilden sie nicht,
denn wie das Italische zwischen dem Griechischen und Keltischen vermittelt, so vermittelt auf der anderen Seite wieder
das Keltische zwischen Italisch und Deutsch, sodann ferner
das Deutsche zwischen Keltisch und Slavisch u. s. f. Wir
können uns also die indogermanischen Sprachen als eine grosse
Kette aus verschiedenen Ringen vorstellen, welche in sich
geschlossen ist, und mithin weder Anfang noch Ende hat.
Machen wir willkürlich einen Anfang beim Indisch-Iranischen,
so folgt als nächster Ring das Litu-Slavische, dann das Germanische, das Keltische, das Italische, bis sich endlich das
Griechische wieder an das Indisch-Iranische anfügt. Das Ar-

---

[1]) Gelegentlich führe ich aus diesem Programm folgenden Satz an:
»Wenn nun aber im Sanskrit das Verb des Hauptsatzes sich jeder voraus-
gehenden Objectivbestimmung tonlos inclinirt, so glauben wir in dieser
unsern europäischen Begriffen so sehr widersprechenden Erscheinung einen
Rest proethnischer Betonung erkennen zu dürfen« (S. 3).

menische, welches erst in den letzten Jahren genauer behandelt worden ist, würde sich zwischen Indisch-Iranisch und
Griechisch einfügen. Wie man sieht, stimmt diese Übergangs- oder Wellen-
theorie (wie sie ihr Urheber nennt, weil die fortschreitende
Bewegung innerhalb der Sprache mit der Wellenbewegung
verglichen werden kann) mit der Spaltungstheorie darin überein,
dass sie, wie diese, die zwischen den einzelnen indogermanischen
Sprachen vorhandenen Übereinstimmungen (deren einige angeführt worden sind) überhaupt für beweiskräftig hält, unterscheidet sich aber durch die Annahme eines continuierlichen
Übergangs, welcher an die Stelle der Spaltungstheorie gesetzt
wird. Wir haben also zunächst diese Annahme zu prüfen. Zunächst ist wohl klar, dass die Übergangstheorie nicht so verstanden werden darf, als ob zwischen allen indogermanischen
Sprachen, wie sie historisch überliefert sind, eine continuierliche Vermittelung stattfinde. Gegen eine solche Ansicht spricht
die Thatsache, dass die einzelnen Sprachen abgeschlossene,
von den übrigen getrennte Einheiten bilden. Wir können zwar
in Betreff einzelner Dialekte, z. B. innerhalb des Germanischen
zweifelhaft sein, zu welcher Gruppe von Dialekten wir sie zu
stellen haben, aber mit den einzelnen Hauptsprachen, z. B.
dem Germanischen im Verhältniss zum Slavischen steht es
anders. Es giebt keine Sprachmasse, in Bezug auf welche man
zweifelhaft sein könnte, ob sie slavisch oder germanisch sei,
vielmehr sind zwischen Germanisch und Slavisch, ebenso wie
zwischen den anderen Hauptsprachen, feste Grenzen vorhanden. Wir werden also zu der Annahme veranlasst, dass einst
das Germanische, als es noch von weniger Menschen gesprochen wurde, ein zusammenhängendes Verkehrsgebiet bildete,
innerhalb dessen sich erst im Laufe der Zeit die einzelnen
germanischen Dialekte entwickelten. Ebenso steht es mit den
anderen Sprachen. Und selbst, wenn man annehmen wollte,
was mir trotz des darauf verwendeten Scharfsinnes nicht
nachweisbar scheint, dass die einander nahe liegenden Striche
zweier an einander stossender Sprachen wie Slavisch und Germanisch, einander näher stünden als die entferneteren, so würde
damit immer nur gezeigt sein, dass einzelne Eigenthümlichkeiten der ehemaligen Grenzzone mit in die beiden abgeson-
derten Gebiete herübergenommen seien und die Lagerung der
Theile jedes Gebietes keine grossen Verschiebungen erlitten
habe, — die Annahme, dass die einzelnen indogermanischen

Sprachen seit langer Zeit durch Verkehrsgrenzen von einander
getrennt sind, bliebe dennoch bestehen. Man muss also die
Übergangshypothese dahin verstehen, dass man sagt, in uralter Zeit hätten zwar die Sprachen in der von Schmidt beschriebenen Weise ein zusammenhängendes Ganzes ausge-
macht, dann aber hätten sich zwischen ihnen feste Grenzen
gebildet. Die Entstehung solcher Grenzen stellt sich J.
Schmidt folgendermassen vor: »ein Geschlecht oder ein
Stamm, welcher z. B. die Varietät F sprach, gewann durch
politische religiöse sociale oder sonstige Verhältnisse ein Über-
gewicht über seine nächste Umgebung. Dadurch wurden die
zunächst liegenden Sprachvarietäten G H I K nach der einen,
E D C nach der anderen Seite hin von F unterdrückt und
durch F ersetzt. Nachdem dies geschehen war, grenzte F auf
der einen Seite unmittelbar an B, auf der anderen unmittelbar
an L, die mit beiden vermittelnden Varietäten waren auf
gleiches Niveau mit F auf der einen Seite gehoben, auf der
anderen herabgedrückt. Damit war zwischen F und B einerseits, zwischen F und L andererseits eine scharfe Sprachgrenze
gezogen« (a. a. O. pag. 28). Beispiele dafür seien das Attische, das Stadtrömische u. ähnl., welche allmählich die Dialekte überwältigten. Nimmt man nun ferner an, dass sich
jedenfalls schon in alter Zeit Verkehrsgrenzen bildeten,
indem grosse Volkstheile auswanderten, oder indem fremde
Völker sich als Keile in das Urvolk hineinschoben, und dass
so jedenfalls schon früh dauernde räumliche Trennungen der
Nachbarn herbeigeführt wurden, (ein Punkt, auf den Leskien
in seiner interessanten Erörterung der Schmidt'schen Hypothese in der Einleitung seiner Schrift über die Declination im
Slavisch-Litauischen und Germanischen (Leipzig 1876) hingewiesen hat) so lassen sich die Stammbaum- und Wellen-
theorie wohl dahin vereinigen, dass man annimmt, ursprünglich
habe eine »continuierliche Vermittelung« wie Schmidt sie
sich vorstellt, stattgefunden, dann seien Spaltungen eingetreten, und so von einander getrennte Massen entstanden, die
aber in sich wieder dieselben Verhältnisse zeigen wie die Ursprache.

Leider ist nun aber vom Standpunkte der neueren Untersuchungen aus ein Einwand zu formuliren, der sich sowohl
gegen die Spaltungs-, wie gegen die Übergangshypothese
richtet. Es hat sich nämlich durch die Untersuchungen der
letzten Jahre herausgestellt, dass die Momente, aus denen auf

die nähere Verwandtschaft einzelner Sprachen geschlossen zu
werden pflegte, nicht so beweiskräftig sind als man bis dahin
annahm. Im Allgemeinen ist es klar, dass nicht jede Gleichheit
zwischen zwei Sprachen als Argument für eine Urgemeinschaft
betrachtet werden kann. Wenn z. B. einige Sprachen das
Augment verloren haben, welches andere noch besitzen, so
folgt daraus natürlich nicht, dass dieser Verlust auch in einer
Periode der Gemeinschaft eingetreten sein muss. Auch wird
man zugeben, dass Gleichheit im Wortschatz (wenn sie nicht
in überwältigend grosser Menge hervortritt) nicht zum Beweise
für Urgemeinschaft gebraucht werden kann, weil immer die
Möglichkeit offen gehalten werden muss, dass ein Wort, welches wir nur in einigen Sprachen finden, in den anderen auch
vorhanden gewesen, uns aber durch die »Unbill der Zeiten«
entzogen worden ist. Durch diese Erwägungen schrumpft das
Material sehr zusammen und es bleiben streng genommen nur
gemeinsam vollzogene Neuerungen als beweiskräftig
übrig. Als solche betrachtete man bis vor Kurzem die gleich-
artige Spaltung des einheitlichen indogermanischen *k* in *k* und
s (*sz*) im Asiatischen und Litu-Slavischen, das *e* im Europäischen, das *r* im Mediopassivum des Italischen und Keltischen,
das *m* im lituslavischen und germanischen Dativ pl. Aber in
neuester Zeit ist für diese Thatsachen eine andere Erklärung
aufgekommen. Man nimmt (wie schon bemerkt worden ist)
jetzt vielfach an, dass in ihnen gar nicht Neuerungen der
Einzelsprache vorliegen, sondern verlegt die Mannigfaltigkeit
in die Grundsprache. Der Nachweis dieser Mannigfaltigkeit
in Bezug auf die Guttural-Reihen ist erbracht von Ascoli in
seinen Lezioni di fonologia comparata Torino e Firenzi 1870
(vgl. Ascoli Kritische Studien pag. XVI ff.). Neben ihm ist
besonders Fick (die Spracheinheit der Indogermanen Europas, Göttingen 1873) zu nennen. Darauf folgte die ebenfalls
schon oben erwähnte sehr wahrscheinliche Theorie, wonach
das *e* schon der Grundsprache angehört, das *r* ferner des Me-
diopassivs im Italischen und Keltischen findet möglicher Weise
eine Anknüpfung an dem *r* des Indischen *re rate* u. s. w. (vgl.
Windisch, Beiträge von Kuhn und Schleicher S, 465
Anm.), und das *m* des Slavischen und Deutschen gehört vielleicht ursprünglich einem andern als dem *bh*-Suffix an.

Wenn nun diese ganze Anschauungsweise begründet ist
(was ich annehme), so lässt sich natürlich aus solchen bis in

die Grundsprache zurückreichenden Verschiedenheiten nichts
über die successive Spaltung der indogermanischen Sprachen
schliessen, und man muss sich allen bisher unternommenen
Gruppierungen gegenüber (mit alleiniger Ausnahme der asiatischen Gruppe, welche durch eine Reihe von Uebereinstimmun-
gen, z. B. durch die gemeinsame Verwandlung des alten *e* in
a zusammengehalten wird) skeptisch verhalten.

In der That halte ich diesen Standpunkt bei dem jetzigen
Stande der Forschung für den richtigen, und glaube also über
die ganze Frage des Verhältnisses der einzelnen indogermanischen Sprachen zu einander nicht mehr als das Folgende aussagen zu können.

Es ist sehr wahrscheinlich, dass die Grundsprache nicht,
wie man früher anzunehmen geneigt war, eine völlig einheitliche gewesen ist. Denn wenn wir Recht haben, anzunehmen,
dass dieselbe eine Entwickelung von Jahrtausenden durch-
gemacht hat, so muss das Urvolk zur Zeit der völlig ausgebildeten
Flexion zahlreich gewesen sein, es werden also gewiss innerhalb desselben Verschiedenheiten im Sprechen sich herauszu-
bilden begonnen haben, in der Weise wie es oben (S. 52 u. 59) im
Allgemeinen beschrieben worden ist. Diese Verschiedenheiten
sind die Keime einiger der Verschiedenheiten, die wir bei den
indogermanischen Sprachen wahrnehmen. Andere sind hinzugekommen, nachdem die Grundsprache sich in verschiedene
Einzelsprachen gespalten hatte. Es ist möglich, dass die Vorfahren der späteren Griechen, Italiker, Kelten u. s. w. einst
so neben einander gelagert waren, wie wir nach Ausweis der
jetzigen geographischen Lage vermuthen, aber es ist auch
möglich, dass grosse Verschiebungen der Völker eingetreten
sind, welche ihre ehemalige Lagerung verdunkeln. Wir werden uns also einstweilen mit der Erkenntniss einer gründlichen Urgemeinschaft der indogermanischen Sprachen begnügen, von einer Eintheilung derselben in Gruppen (mit
Ausnahme der indisch-iranischen) aber absehen müssen.|

Das gilt namentlich auch gegenüber der so oft angenommenen gräcoitalischen Einheit. Man kann nicht mit Sicherheit
behaupten, dass sie nicht vorhanden gewesen sei, aber auch
ebenso wenig, dass sie nachweisbar ist. Von den für dieselbe
angeführten Gründen [1]) (Schmidt S. 19) können bei der

---

[1]) Die Wörtervergleichungen Mommsen's hat Schmidt mit Recht
gar nicht mit angeführt, da sie nichts beweisen. Denn ein Theil der be-

jetzigen Lage der Forschung nur noch in Betracht kommen:
die Thatsache, dass es nur im Griechischen und Lateinischen
Feminina nach der zweiten Declination giebt, und die Übereinstimmung in der Accentuierung. Indessen, wenn es richtig
ist, was ich Synt. Forsch. 4, 6 ff. zu erweisen gesucht habe,
dass die Masculina auf -τα nach der ersten Declination erst
im Sonderleben des Griechischen aus fem. zu masc. verschoben sind, so kann das Analoge auch für jene Wörter vermuthet
werden, und was die Accentgesetze betrifft, so ist doch die
Frage, ob man nicht im Italischen Reste einer älteren Be-
tonungsweise zu statuieren hat, so dass also das Dreisilbengesetz
nicht in einer voritalischen Zeit hat zur Herrschaft gelangen
können. Jedenfalls kann man nicht auf eine disputable Annahme eine Hypothese von solcher Bedeutung wie die einer
gräcoitalischen Urgemeinschaft begründen.

Ob es nun der Zukunft gelingen wird, zu bestimmteren
Resultaten zu gelangen, bleibt abzuwarten. Bis auf Weiteres
werden die Historiker gut thun, von der Verwerthung solcher
Sprach- und Volksgruppen, wie die gräcoitalokeltische, die
slavodeutsche u. s. w. abzusehen.

Schlussbetrachtung.

Wir kehren, nachdem wir am Schluss angelangt sind, für
einen Augenblick zum Anfang unserer Betrachtung zurück,
um in wenigen Worten zusammenfassend zu zeigen, wie die
Bopp'schen Anfänge sich ausgewachsen haben. Bopp hatte
sich, wie wir sahen, zwei Aufgaben gestellt, er wollte die Entstehung der Flexion ergründen, und die Verwandtschaft der
indogermanischen Sprachen im Einzelnen erweisen, und wir
sahen zugleich, dass Bopp, der Sohn eines philosophischen

---

treffenden Wörter findet sich (wie ja auch Mommsen selbst in den späteren Auflagen seiner römischen Geschichte anerkennt) auch in anderen
Sprachen, und die anderen (wie *milium rapa vinum*) sind möglicher oder
wahrscheinlicher Weise Lehnwörter.

Jahrhunderts, auf die Lösung der ersten Aufgabe das entscheidende Gewicht legte. Seine Zeitgenossen und unmittelbaren Nachfolger nahmen, wie gezeigt worden ist, seine Erklärung der Flexionsformen zum grossen Theile an, so dass es den Anschein gewinnen konnte, als sei sie eine sichere Errungenschaft der Wissenschaft. Erst allmählich traten Zweifel hervor und drangen in weitere Kreise. Man ward sich erst langsam bewusst, dass es sich um eine Aufgabe handle, zu deren Bewältigung die Kühnheit eines speculativen Philosophen gehört, eine Aufgabe, die eine sichere Lösung ihrer Natur nach nicht zulässt. Handelt es sich doch um Speculationen, die weit hinter die Zeiten zurückgreifen, aus denen irgend eine Überlieferung zu uns herüber dringt. Desshalb ist es erklärlich, dass sich das Interesse der jetzt lebenden realistischen Forscher von diesem Theile der Sprachwissenschaft zurückgezogen hat. Ein Gegner der Bopp'schen Agglutinationstheorie A. H. Sayce fasst diese Thatsache in die Worte zusammen: »the old Agglutinationtheory of Bopp must be considered as dead«. Ich meine, dasselbe Urtheil kann man über die Adaptations-Theorie fällen. Die Zeit, in der man an diesen letzten Fragen der Sprachwissenschaft Interesse nahm, ist augenblicklich vergangen. Dass sie einmal wiederkehren wird, und dass alle diese Probleme von dem hohen Standpunkt einer gereifteren allgemeinen Sprachwissenschaft noch einmal und vielmal werden zur Erörterung gebracht werden, bezweifle ich nicht.

Einigermassen ähnlich ist der Verlauf der Untersuchungen über die Verwandtschaftsverhältnisse der indogermanischen Sprachen. Aus dürftigen Übereinstimmungen und Verschiedenheiten hatte die jugendliche Wissenschaft einen Stammbaum der Indogermanen zurechtgestellt, der von Historikern gelegentlich als baare Münze verwerthet worden ist. Jetzt, da wir die Beweiskraft der einzelnen Momente besser abzuschätzen gelernt haben, begnügen wir uns mit der Aufstellung einiger weniger Gruppen, und im Übrigen mit der Erkenntniss einer tiefgehenden Übereinstimmung sämmtlicher verwandten Sprachen. Es ist aber wichtig zu betonen, dass dieser Rückzug für die wissenschaftliche Arbeit selbst ohne Bedeutung ist. Die Fülle des Gleichen auf dem Gebiet der Laut- und Formenlehre, der Syntax, der Sitten- und Bildungsgeschichte ist noch lange nicht ausgeschöpft, es wird Zeit sein auf die Fragen der Völkertrennung zurückzukommen, wenn man auf den genannten Gebieten erheblich weiter gekommen sein wird, als wir jetzt sind.

Ganz anders ist das Bild, das uns die zweite der Bopp-schen Aufgaben bietet. Schritt für Schritt haben wir verfolgt, wie man von tastenden Versuchen zu sicherer Methode gelangt ist, und wie es gelungen ist, ein Problem der Laut- und Formenlehre nach einander, eine Sprache nach der andern erfolgreich anzugreifen. Die Vergleichung der einzelnen gegebenen Sprachen unter einander, die Ermittelung des ihnen Gemeinsamen, die Anknüpfung der Einzelsprache an dieses Gemeinsame, mit einem Worte: die historische Untersuchung des indogermanischen Sprachstammes, das ist die Aufgabe der vergleichenden Sprachforschung, und dieser Aufgabe wird sie seit Bopp in regelrecht steigendem Masse gerecht. Erstaunlich ist, was der Scharfsinn und Fleiss der Gelehrten in dieser Hinsicht geleistet hat, und zugleich sehen wir, dass eine Fülle von Verdienst für die Zukunft übrig bleibt.

Dass dieser Verlauf der wissenschaftlichen Entwickelung ein naturgemässer ist, wird niemand leugnen, dem der Zusammenhang aller wissenschaftlichen Arbeit jemals zum Bewusstsein gekommen ist. Man könnte Alles, was ich in dieser Schlussbetrachtung gesagt habe, auch so ausdrücken: die Sprachwissenschaft ist aus der philosophischen in die historische Periode eingetreten.

Literatur-Angaben.[1])

___

Ascoli, G. J., Kritische Studien zur Sprachwissenschaft. Autorisirte Übersetzung von Reinhold Merzdorf, zu Ende geführt von Bernhard Mangold, Weimar 1878.

Benfey, Th., Orient und Occident insbesondere in ihren gegenseitigen Beziehungen. Forschungen und Mittheilungen. Eine Vierteljahrsschrift, herausgegeben von Theodor Benfey. Göttingen 1862—1865.

Bernhardi, A. F., Anfangsgründe der Sprachwissenschaft. Berlin bei H. Fröhlich 1805.

Bezzenberger, Beiträge zur Kunde der indogermanischen Sprachen. Göttingen 1877 u. ff.

Brugman (zu S. 59), Nasalis sonans in der indogermanischen Grundsprache, in Curtius' Studien 9, 287 ff.

——— (zu S. 93) in: Sprachwissenschaftliche Abhandlungen, hervorgegangen aus Georg Curtius' grammatischer Gesellschaft zu Leipzig. Leipzig bei Hirzel 1879.

Curtius (zu S. 58), Über die Spaltung des a-Lautes im Griechischen und Lateinischen mit Vergleichung der übrigen europäischen Glieder des indogermanischen Sprachstammes, in den Berichten der Kgl. sächs. Ges. der Wiss. 1864 S. 9—42.

Fick, Vergleichendes Wörterbuch der indogermanischen Sprachen, sprachgeschichtlich angeordnet von August Fick. Dritte umgearbeitete Auflage, Göttingen 1874.

K. Z. = Zeitschrift für vergleichende Sprachforschung, hrsg. von Theod. Aufrecht und Adalbert Kuhn. Berlin 1852 u. ff.

Kuhn und Schleicher, Beiträge = Beiträge zur vergleichenden Sprachforschung auf dem Gebiete der arischen, celtischen und slawischen Sprachen, herausg. von A. Kuhn und A. Schleicher. Berlin 1858 u. s. w.

Osthoff (zu S. 59), Zur Frage des Ursprungs der germanischen n-Declination, in Paul und Braune's Beiträgen III, 1 ff.

Paul und Braune, Beiträge zur Geschichte der deutschen Sprache und Literatur. Halle 1874 u. ff.

Friedrich Schlegel, Über die Sprache und Weisheit der Indier, ein Beitrag zur Begründung der Alterthumskunde. Heidelberg 1808.

Scherer, Zur Geschichte der deutschen Sprache. Berlin 1868. Zweite Auflage, Berlin 1878.

Whitney, Die Sprachwissenschaft = W. D. Whitney's Vorlesungen über die Principien der vergleichenden Sprachforschung für das deutsche Publicum bearbeitet und erweitert von Dr. Julius Jolly. München 1874.

___

[1) Hier werden diejenigen Schriften namhaft gemacht, welche in dem vorliegenden Buche nicht genau genug oder doch nicht an jeder Stelle genau genug citiert werden.

___

Index.